Paris an der Moldau, die Cagoulards in Bohnsdorf

DDR DEUTSCHER
FERNSEHFUNK

Paris an der Moldau, die Cagoulards in Bohnsdorf

Wie DEFA und DDR-Fernsehen Frankreich auf Bildschirm und Leinwand brachten

2. korrigierte Auflage

Didier Scheibe-Bauzière

CROIX 2021

In später Dankbarkeit all denen gewidmet, welche Frankreich auf die DDR-Bildschirme und Kinoleinwände zauberten, ohne je die Möglichkeit gehabt zu haben dieses Land aufzusuchen.

DEUTSCHER FERNSE

10.00	**Aktuelle Kamera**	17.05
	Blickpunkt	
10.35	**Aus dem Tagebuch ei-**	
	nes Minderjährigen	
	Fernse...	**18.30**
11.35	**Bitte, nicht stören.** Ein	**18.45**
	Probenbesuch bei der	**18.50**
	Chefchoreografin der	19.00
	Deutschen Staatsoper,	19.25
	Uta Graber...	19.30
15.20	**Programmvorschau**	
15.25	**... nach Noten**	20.00
15.35	English for you	
16.00	**Hauptfilm** ...	21.20
	... in ihrem	21.46
	Filmtheater	
16.30	Für Kinder von 12 Jah-	22.10
	ren an: **Unsere Ver-**	
	fassung. Fernsehfibel	22.30

Szenarium

I. Vorspann 9

II. Frankreich in der DDR

Unter den Brücken von Prag 24

Paris an der Moldau, die Cagoulard in Bohnsdorf 26

Als Paris nach Görlitz auswanderte… 40

Agathe Schweigert in Frankreich 60

III. Filmische Züge von und nach Paris

Letzte Chance für eine *Flucht aus der Hölle* 76

Der Schnellzug aus Paris verliert einen Ermordeten 77

Im Bett der MITROPA bis nach Hendaye 84

Riviera Express und Anhalter Bahnhof 87

IV. Abspann 101

Anmerkungen 103

Verzeichnis der Abbildungen 105

Kleines zeit- und ortsübliches Vokabular 107

1972 stand es selbst in L'Humanité, Tageszeitung der französischen kommunistischen Partei: »Die glücklichen Familien haben einen Farbfernseher...«
Im gleichen Jahr war Farbe noch knapp im DDR-Fernsehen und für einen Farbfernsehempfänger aus eigener Produktion musste man 3.700 Mark der DDR auf den Ladentisch legen ...

I.

Vorspann

Fernsehantennen für den Selbstbau (für alle Kanäle)

Tafel 27. 3-Element-Yagi-Antenne für Band I und III

1 Ebene, 240 bzw. 60 Ohm
(240 Ohm im Speisepunkt, 60 Ohm Koax über Umwegleitung)

Band I	Str.	Refl.	Dir.	A 1	A 2	E	d	Umweg-leitung
Kanal 2	2860	3020	2720	1260	1110	1390	50	1980
3	2555	2700	2430	1125	990	1240	50	1683
4	2270	2400	2160	1000	880	1100	50	1518
Band III								
Kanal 5	808	853	768	356	314	393	50	561
6	772	812	734	340	300	375	50	541
7	744	783	707	327	288	360	50	515
8	717	755	682	315	280	350	50	495
9	693	730	660	305	270	336	50	479
10	670	705	637	295	260	325	50	465
11	648	683	616	285	251	315	50	449

Alle Maße in mm

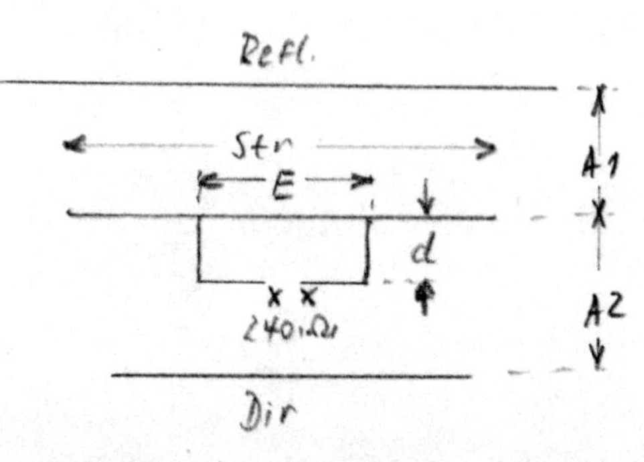

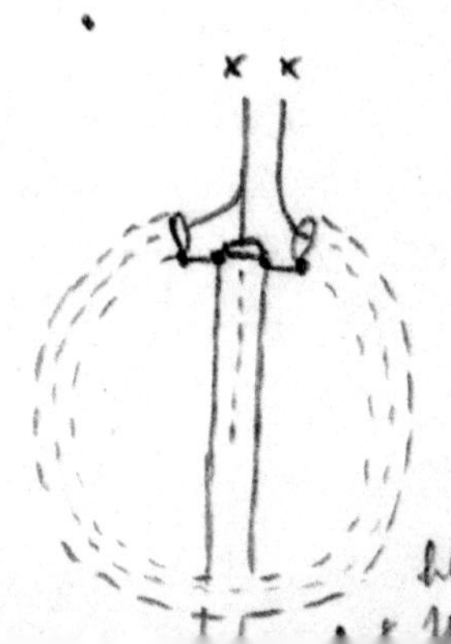

Die Heimatstadt des Autors war gerade einmal schlappe 50 km von der Staatsgrenze zur *imperialistischen, revanchistischen* und *reaktionären Deutschen Bundesrepublik* entfernt, die ja nichts anderes im Sinne hatte als den braven und friedlichen Bewohnern der DDR nach dem Leben zu trachten. So etwa hatte der Verfasser in seinen Schülertagen die Welt zu begreifen. Das Wort *Deutsche Bundesrepublik* stand übrigens so im Geographielehrbuch, die kleine semantisch-politische Rache der Genossen in Ost-Berlin, die sich bis zu ihrem Ende als die besseren Deutschen begriffen.

Perfide wie die Bonner Ultras so waren, ein anderer Begriff für die hinter dem sozialistischen Limes hausenden Altnazis, Kriegsverbrecher, Monopolisten und Junker, ach ja, beinahe vergessen – und Militaristen, strahlten sie ihre Fernsehprogramme frech in die in den Grenzregionen existierenden Haushalte hinein.

Bevor nun die Familie des Thälmannpioniers DSB 1964 dank einer für die Anzahlung hinreichenden Jahresendprämie des Vaters zu einem Fernsehgerät Marion I mit einer 43 cm – Bildröhre und stufenlos durchstimmbaren Kanalwähler kam, wurden bereits per UKW-Radio[1] HR (Hessischer Rundfunk), NDR (Norddeutscher Rundfunk) und BR (Bayerischer Rundfunk) fleißig frequentiert.

Kurz nach dem Eintritt in das Schulalter und in langen Monaten nach einer fast tödlichen Kombination von Keuchhusten und Lungenentzündung wurde der Autor vor den UKW-Radioempfänger Rema gesetzt und mit dem Schulfunk vom hessischen, norddeutschen und bayrischen Rundfunk gefüttert. Darüber habe er natürlich draußen kein Wort zu verlieren, ermahnte ihn die Mutter, und der Autor hielt sich daran, bis in die achtziger Jahre.

Es gab in dieser bildfreien Zeit Sendungen in Englisch und Französisch für die Schule, Hörspiele für den Geschichtsunterricht und Einführungen in die musikalische Welt. Wie es jedoch in Göschenen und vor allem im Inneren des Gotthardtunnels aussah, ob Louis Favre einen Bart hatte oder nicht und wie es sich anfühlte, wenn der Zug durch die 15 Kilometer lange Nacht eilte – das war der

Phantasie des Zuhörers im Osten und seinem eventuell durch dürftige und grässlich retuschierte Fotos auf den Seiten der DDR-Zeitungen gespeisten Kopfkino überlassen, salopp gesagt.

Als der Westen im Wohnzimmer heimisch wurde

Während im Westen Schwarzsehen und -hören teuer zu stehen kam, konnte im Osten Westsehen und -hören unerfreulichen Begegnungen mit dem GHG haben. Nein, die Rede ist nicht von der volkseigenen *Grosshandelsgesellschaft* sondern vielmehr von der sicherheitsbewussten Schlapphutvereinigung **G**ucken, **H**ören, **G**reifen, dem *Ministerium für Staatssicherheit.* Die leicht zu beeinflussenden Landeskinder der DDR sollten um keinen Preis auf die falsche Bahn geraten und schon gar nicht an der Freiheit des Denkens Gefallen finden.

Reichte zum Westhören auf UKW noch ein im Wohnungsinneren geschickt platzierter und gut verborgener Dipol, für Radio Luxemburg und den Freiheitssender aus der DDR auf Kurzwelle waren es 7 oder 8 m Antennendraht, mit speziellen Haltern unter der Zimmerdecke befestigt, so brauchte es zu Fernsehzeiten einer massiveren Antennenkonstruktion auf dem Dach, die sich von weitem bereits gut ausmachen ließ und in ihrer Ausrichtung entlang der Windrose die Gesinnungstreue oder deren flagranten Mangel verriet.

Mit Hilfe einer temporären Feldtelefonieverbindung zwischen der vor dem Fernseher postierten Mutter und dem in der Dachluke hockenden Autor vermochte das Familienoberhaupt einen tragfähigen Ausrichtungskompromiss zwischen dem bösen Westsender auf dem hessischen Hohen Meissner und dem ideologisch einwandfreien Gegenstück auf dem Inselsberg zu arrangieren.

Nun entfaltete der durchstimmbare Kanalwähler des Fernsehgerätes *Marion I* seine ganze klassenfeindliche Hinterlist. Er erlaubte, im Falle eines unerwarteten Besuches, geräuschlos und im Vorbeigehen vom Kanal 7 des Hessischen Rundfunks auf die gewünschte 5 des ersten und bis 1969 einzigen Fernsehprogramms der DDR zurückzukehren – ganz im Gegensatz zu dem im älteren Fernsehempfänger *Patriot* der Nachbarn eingebauten Trommelkanalschalter, denn dieser verriet akustisch die mediale Entwestung. Ausserdem boten diese Kanal-

MARION I

BEDIENUNGSANWEISUNG

schalter in den wilden Anfangsjahren die Möglichkeit, die Feindkanäle durch Überspringen der Schaltposition auszublenden, denn zu traurig war oft das heimische Fernsehprogramm in den sechziger und zu Beginn der siebziger Jahre.

Was der Deutsche Fernsehfunk seit Anfang der sechziger Jahre der ARD und deren mehrteiligen Strassenfegern wie *Das Halstuch* oder *Tim Frazer* (Francis Durbridge, 1962 und 1963) entgegensetzen konnte, war meist recht trist. Schwer vorstellbar ist übrigens in Zeiten von 4k, dass die Eltern des Verfassers damals bei den Nachbarn vom ersten Stock auf den Stühlen saßen und atemlos auf das winzige Schwarzweißbild im Format 24 x 18 cm starrten, welches das in der DDR produzierte Fernsehgerät *Rembrandt* bot. Bei der Bildröhre handelte es sich um eine Konstruktion mit runder Bildfläche, die rechteckigen Bildröhren kamen damals nur im Westen vor…

Die DDR-Fernsehnachrichten waren ermüdende Langweiler mit endlos langen Wortprozessionen in einer Vorform des *Newspeak* aus Orwells *1984*, garniert mit wenigen Filmsequenzen ohne Originalton und Fotoprozessionen auf der Wand hinter dem Sprecher oder der Sprecherin.

Bediente sich das DDR-Fernsehen der leichten Spielfilmkost aus den Tagen des Nazireiches, so tat es sich schwer mit Fernsehfilmen bar der ernsthaften Schwere des antifaschistischen Widerstandskampfes, der heldenhaften und nicht in Frage zustellenden Sowjetsoldaten und des traurigen Lebens jenseits der Mauer. Es schien an manchem Abend, als sei der Aufbau der neuen Gesellschaft eine tiefernste Angelegenheit, bei der nur der Klassenfeind lachen durfte…

Andere Farben als nur Rot

Im Schatten des *Großen Bruders* kam ab 1969 auch ein wenig Farbe ins Fernsehgeschehen, mehr als das ewige Rot der Transparente am Gothaer Bahn-

Teure Farbe. 1986 ermöglichten die Jahresendprämie und diverse Ersparnisse den Ratenkauf eines Colortron 4000/2 mit PAL/SECAM-Decoder – aber ohne Fernbedienung

3125,-

Kreditkontonummer

dreitausendeinhundertfünfundzwanzig

Betrag in Worten

1) Sch...

Name, Vorname

726...

Postleitzahl und Ort

Am ...

Straße und Hausnummer

2) Sch...

Name des Mitkontoinhabers

PKZ zu 1)

B 9 36226

VEB
Industrievertrieb
Rundfunk – Fernsehen

RFT
radio
television

BEZAHLT

Menge	Warenart	Betrag Mark	
1	Colortron		
	4006/2	6250,-	
	09094		

Datum	Verkäufer	Vst.
5.11.		

Bei Reklamation oder Umtausch bitte diesen Zettel vorlegen
BG 039/74 (87/9) 8413 160 374

Karton ges. 2,70

Konto-Nr. für die Abbuchung der Rate

Zinssätze
Versich.-Merkmal
Kreditlimit

3	1	2	5

Kreditlimit in M

Monatliche Tilgungsrate in M (rechtsbündig eintragen) – 1 0 0

Gültig bis 3 Monate nach Ausstellungsdatum.

Oschatz, den 31.10.86

KREISSPARKASSE OSCHATZ 75

hof und an allen möglichen und unmöglichen Stellen der Stadt. Eine teure Angelegenheit jedenfalls, denn die Lizenz für das französische System SECAM IIIb musste mühsam in harten Devisen abgestottert werden, außerdem war die Fernsehtechnik wie später die Kameras *Marconi VII* und die fahrbaren Studioausrüstungen keineswegs wohlfeil auf den internationalen Märkten. Schon mit dem Import einer Ampex-Anlage hatten sich die DDR und ihre Zwischenhändler den Zorn der US-Behörden zugezogen, diese Technologie unterlag dem auf der COCOM-Liste detaillierten Boykott des Ostblockes.

Der Autor genoss die SECAM- und PAL-Farben (diese erreichten nur dank des flachen Landes zwischen dem SFB und der Oschatzer Klientel weitestgehend ungeschwächt den Bildschirm) erst ab 1986, aber da waren die Fernsehserien und Spielfilme aus dem Westen auch in Adlershof schon Normalität geworden.

Erst zehn Jahre später, als die DDR und ihr Fernsehen abgewickelt worden waren, keimte im Verfasser der Wunsch auf, der Farbenpracht und der glatten, kühlen Perfektion zu entfliehen und zurückzukehren zu den schwarzweißen Jahren, in denen durch geringe Auflösung und manchmal unscharfe Konturen die eigene Beobachtungsgabe geschärft wurde.

Die Bewahrung dieses medialen Erbes durch das Deutsche Rundfunkarchiv und die DEFA-Stiftung ermöglicht heute, was in der DDR undenkbar gewesen war – erneut diese kleinen und großen Kunstwerke zu betrachten, wann immer es uns in den Sinn kommt.

Im Gefolge unglaublicher Tribulationen, zu denen ja nur das Leben fähig ist, lebt der Autor heute als biederer Franzose dort, wohin ihn so manche Auftragsproduktionen der DEFA zu entführen versuchten, 230 Bahnkilometer entfernt von Paris an der Seine und nicht an der Moldau.

Wie gut waren sie, die Illusionisten des silberhaltigen Filmmaterials, wenn es um das ferne Frankreich ging? Der Verfasser, dem der einstige DDR-Blick nicht abhandengekommen ist, wagt eine kritische textliche Rück-Projektion. Zuvor jedoch empfiehlt sich die gefällige Kenntnisnahme der *Allgemeinen* (politischen und wirtschaftlichen) *Geschäftsbedingungen* dieser Produktionen.

Unerfreuliche (allgemeine) Geschäftsbedingungen

Die ernüchternden Erfahrungen, welche der DEFA mit ihren vier Koproduktionen mit französischen Partnern wiederfahren waren[2], hatte deutlich werden lassen, dass die DDR mit ihrem proletarisch aufgepumpten Brustkorb an der Seine so gut wie keinerlei Bedeutung besaß – kinematographisch gesehen.

Anspruchsvolle Projekte wie *Schatten über Notre Dame* oder *Salut, Germain,* die auf französischem Boden spielten, berührten dunkle Tage Frankreichs und stießen zweifellos auf wenig Interesse in einem Land, wo besonders Mitte der sechziger Jahre die *réconciliation* zwischen Franzosen und den Deutschen der Bundesrepublik bestimmend für die französische Europapolitik war. Die durchaus Spannungsbogen bietende Aufarbeitung des Klassenkampfes und des kommunistischen Widerstandskampfes währen der deutschen Besetzung entfaltete bei den französischen Filmgesellschaften und beim öffentlich-rechtlichen Fernsehen ORTF kaum ein großes Interesse.

Ohne Moos nichts los

Weder der Deutsche Fernsehfunk noch die DEFA verfügten über große konvertible Devisenschätze in einem Land, das zeit seiner Existenz außerordentlich klamm an westlichen Währung war. Doch diese wären unerlässlich gewesen um Dreharbeiten in Frankreich zu finanzieren. Von der Unterbringung der Schauspieler und des Drehstabes, über die Lagerung der Requisiten und Kostüme, die Entlohnung der örtlichen Komparsen und Helfer bis hin zur Verpflegung und zu den erforderlichen Versicherungspolicen – ein solches Projekt hätte sich sehr schnell als finanzieller Abgrund erweisen können, wenn zum Beispiel die meteorologischen Bedingungen ganz überraschend die Dreharbeiten erschwert und somit verlängert hätten.

Innerhalb des sozialistischen Lagers (blenden wir einmal für einen Augenblick die dort herrschende Lagermentalität aus…) eröffneten sich ganz andere

Möglichkeiten durch Koproduktionen und Partnerschaften mit Filmunternehmen dieser Länder.

Beliebte Filme der DEFA wie beispielsweise

Die Igelfreundschaft (Uraufführung 1962)
Die gestohlene Schlacht mit Manfred Krug (Uraufführung 1972)
Drei Haselnüsse für Aschenbrödel (Uraufführung 1974)
Abenteuer mit Blasius (Uraufführung 1974),

entstanden in Koproduktion mit den Filmstudios Barrandov in der ČSSR. Nicht ohne Erstaunen vermerkte der Verfasser, dass die Herren Ingenieure im Schnellzug aus Karlovy Vary nach Leipzig offensichtlich der Lektüre kapitalistischer Presseerzeugnisse frönten, als sie mit *Blasius* (Spielfilm *Abenteuer mit Blasius*, DEFA/Barrandov 1974) zur Messe fuhren: Die im Szenenbild gut sichtbare *Funktechnik* erschien zweimal im Monat – beim *Pflaum Verlag* in München! Aber vielleicht sah man in Barrandov die Dinge viel lockerer als in der DDR.

Und überhaupt – *Barrandov* war ein begehrter Partner für Fernsehanstalten in der alten Bundesrepublik. *Die Tintenfische aus dem zweiten Stock* (*Chobotnice z II. patra*) fanden wohl keinen Weg über die Bildschirme und Schreibtische der Fernsehzensur in der DDR, obwohl sie doch aus der ČSSR stammten. Eine vierköpfige Familie aus Prag, die einmal so zum Urlaub nach Portugal fährt, das ging ja schon mal gar nicht.

Unmögliche *Reise-Passagen*

Aber das fehlende Westgeld war nur eine der unerfreulichen Bedingungen für Drehorte im westlichen Ausland. Bis zu Beginn der siebziger Jahre wurden DDR-Reisende in die westlichen Staaten von diesen so behandelt, wie es unmittelbar nach Kriegsende die Regel war.

Seite aus einem als Temporary Travel Document bezeichneten Reisepasses, der anlässlich einer Reise eines DDR-Bürgers nach Belgien ausgestellt wurde.

Ce document, muni des visas appropriés, est valide pour se rendre en:

Vorbehaltlich der erforderlichen Sichtvermerke ist dieser Reiseausweis gültig für:

~~Africa~~, Austria, Belgium, Denmark, France and the French Union, Greece, Iceland, ~~Italy~~, Liechtenstein, Luxembourg, Netherlands, Norway, Portugal, Republic of ~~Ireland~~, Spain, Sweden, Switzerland, Turkey, United Kingdom of Great Britain, ~~Northern~~ Ireland and the British Commonwealth, the Western Hemisphere.

Afrique, Autriche, Belgique, Danemark, France et Union Française, Grèce, Islande, Italie, Liechtenstein, Luxembourg, Pays-Bas, Norvège, Portugal, République d'Irlande, Espagne, Suède, Suisse, Turquie, Royaume Uni de Grande-Bretagne, Irlande du Nord et le Commonwealth Britannique, l'Hémisphère Occidentale.

Afrika, Österreich, Belgien, Dänemark, Frankreich und die Französische Union, Griechenland, Island, Italien, Liechtenstein, Luxemburg, Niederlande, Norwegen, Portugal, die Republik Irland, Spanien, Schweden, Schweiz, Türkei, Vereinigtes Königreich von Grossbritannien, Nordirland und das Britische Commonwealth, die Westliche Hemisphäre.

Valid to:
Valable jusqu'au: 14. DEZ. 1961
Gültig bis zum: DO NOT EXTEND

see page 28
voir page 28
siehe Seite 28

Issued at:
Délivré à: BERLIN
Ausgestellt in:

On:
Le: 14. JUNI 1961
Am:

J. H. CASTLETON

Der Zusammenbruch des deutschen Reiches hatte ein administrativ-konsulares Vakuum geschaffen: Reisepässe und andere Personaldokumente, ausgefertigt von den Behörden des Dritten Reiches, besaßen keinerlei Wert mehr im zwischenstaatlichen Verkehr. Aus diesem Grunde sahen sich die Besatzungsbehörden genötigt, den Deutschen vorläufige Personalbescheinigungen auszustellen, die den nunmehr Besetzten den Weg zurück in ein halbwegs geregeltes behördliches Dasein ermöglichte.

So weit so gut, möchten wir heute sagen, irgendwie logisch sei das ja gewesen. Der eigentliche Haken an diesem Vorgehen zeigte sich aber erst nach Gründung der beiden Staaten in Deutschland. Während in den westlichen Ländern Reisepässe der Bundesrepublik Deutschland als gültige Dokumente für den Grenzübertritt anerkannt wurden, es gab nun wieder diplomatische Beziehungen zwischen diesen Ländern und Westdeutschland, verhielt es sich mit den Reisepapieren der DDR ganz anders – sie taugten nicht für eine Grenzpassage nach Belgien oder Frankreich.

Die DDR war etwas, was in der Wahrnehmung des Westens, auch im Sinne einer Solidarität mit der Bundesrepublik, nicht als Staat existierte. Dieses Stück Land mit seinen schlappen 17 Millionen Bewohnern war nichts Besseres als die sowjetische besetzte Zone Deutschlands. Wollten nun diese dort dahinvegetierenden Deutschen (wenn sie als Manövriermasse im Kalten Krieg von Nutzen waren, billigte man ihnen gleichwohl das Etikett der Brüder und Schwestern zu) über den Rhein hinweg gelangen, bedurften sie auch bis Anfang der siebziger Jahre eines von den Westalliierten ausgefertigten temporären Reisepasses und des oder der entsprechenden Visa für das oder die aufzusuchenden Länder der westlichen Hemisphäre.

Der Decoder für den korrekten Empfang des Farbsignals in SECAM zeigte bei dem Colotron-Fernsehempfänger eine erstaunliche ideologische Schwäche – im Gegensatz zum unverdrossen funktionierenden PAL-Decoder, Garant der Westfarbe, musste er ausgetauscht werden...

Die Anschriften der Betriebe des VEB RFT Industrievertrieb Rundfunk und Fernsehen lauten wie folgt:

	Telefon
Rostock, Schwerin, Neubrandenburg:	
2500 **Rostock,** Steinstraße 6	2 29 08
Potsdam:	
1800 **Brandenburg,** Joliot-Curie-Straße 17	2 39 61
Frankfurt/Oder, Cottbus:	
1200 **Frankfurt/Oder,** Ernst-Thälmann-Straße 33	2 38 13
Magdeburg:	
3010 **Magdeburg,** Max-Otten-Straße 2	5 81 21
Halle:	
4020 **Halle,** Raffineriestraße 31	3 77 12
Erfurt, Gera, Suhl:	
5010 **Erfurt,** Neuwerkstraße 7	5 17 91
Leipzig:	
7033 **Leipzig,** Bausestraße 6	4 42 11
Dresden:	
8020 **Dresden,** Uhdestraße 5	47 58 57
Karl-Marx-Stadt:	
9010 **Karl-Marx-Stadt,** Am Walkgraben 13	3 68 70
Berlin:	
1040 **Berlin,** Friedrichstraße 129, Block F	2 82 50 46

KEINE REPARATUR-ANNAHMEN

Durchgeführte Garantiereparaturen:
(von der Werkstatt auszufüllen)

VW-Nr.	Rep.-Schein-Nr.	Ausfall von bis	Tage der Verlängerung	Beseitigter Fehler
13163	2974259	01.-03.07.87	3	4/93/00
13163	2974351	03.07-28.08.87	56	Decoder [illegible]

8635/M 25-21 Staßfurt VV Freiberg Ag 307 III/11/10 86 6004 C 25541

Dahinter verbarg sich natürlich auch ein abgrundtiefes Misstrauen vor allem gegenüber Ost-Reisenden, die in offizieller Mission kamen oder bei denen ein markantes Engagement für die Sache der Arbeiterklasse und ihrer kommunistischen Ideale vermutet oder nachgewiesen wurde. Filmschaffende aus dem Osten wurden daher nicht zu Unrecht als Missionare einer unerwünschten Ideologie angesehen, zumal wenn sie in größeren Teams Einlass begehrt hätten.

Um die *TTD – Temporary Travel Documents*, also temporären Reisepässe zu erlangen, mussten sich die Reisewilligen persönlich in das entsprechende Büro in Westberlin verfügen und dort ihr Begehren glaubhaft und mit dem Nachweis einer angemessenen pekuniären Deckung für die Aufenthaltsdauer vorbringen.

Meister des Organisierens

Insofern waren Filmemacher in der DDR oft gezwungen ihre Meisterschaft im großen Spagat unter Beweis zu stellen und dies mit wenig oder nichts. Legion sind die Erinnerungen an das Aufspüren leerer westlicher Verpackungen. Die recht schnell europäisierte Konsumlandschaft im Westen sorgte dafür, dass in Frankreich oder in der alten Bundesrepublik gleiche Marken und deren Verpackungen in den Märkten auftauchten. Leere Zigarettenpackungen von *Camel*, *HB* oder *Pall Mall*, mit Ostware aufgefüllt, konnten ebenso wie mit falschem Hochprozentigen versehene Flaschen im filmischen Westen Deutschlands als auch in dem zu inszenierenden Land der Gallier zum Einsatz kommen.

Im Gegensatz dazu hätte das darzustellende Land ČSR/ČSSR die ausschließliche Beschaffung von Musterexemplaren nahezu aller sogenannten Waren des täglichen Bedarfs notwendig gemacht, denn das Waschmittel *Tix*, Flaschen mährischen Weins und inländischen Rums, Zigaretten der Marken *Start, Olympia oder Sparta* waren außerhalb des Nachbarlandes nicht vertreten.

Hilfestellung gab, freilich ungewollt, die gemessen an unseren heutigen Ansprüchen geringe Qualität des damaligen Kathodenbildfernsehens mit 520 Linien (Vertikale Auflösung), 576 Zeilen (Horizontale Auflösung) und 50 Halbbilder/s. Verräterische Details konnten so verborgen werden und offenbarten sich erst Jahrzehnte später nach der Abtastung des Filmstreifen und dem Remasterisieren.

SERVICE-MITTEILUNGEN

VEB INDUSTRIEVERTRIEB RUNDFUNK UND FERNSEHEN

RFT RADIO-television

OKTOBER 1984 | 9 | SEITE 1 - 4

Mitteilung aus dem VEB Fernsehgerätewerke "Friedr.Engels" Staßfurt

Farbbildröhren vom Werk für Fernsehelektronik Berlin

Vom Werk für Fernsehelektronik Berlin werden künftig zwei neue Inline-Farbbildröhren zur Verfügung gestellt. Diese Röhren werden für die Farbfernsehempfänger COLORMAT und COLORTRON der 4000er-Serie verwendet.

Die Typenbezeichnungen sind folgende:	EDV-Nr.
A 63 NCQ 00 x 08; Kurzbezeichnung: A63	8168002
A 48 NCQ 00 x 06; Kurzbezeichnung: A48	8188014

Beide Röhren sind mit den bislang eingesetzten Inline-BR von 67-cm- und 51-cm-Diagonale kompatibel. Die Unterschiede in den cm-Angaben bei den Diagonalen resultieren daraus, daß mit 63 bzw 48 cm die nutzbare Schirmdiagonale genannt wird, während sich 67- bzw. 51 cm auf die Außenmaße beziehen.

Röhrenschlüssel:

A	Farbbildröhre für allgemeine Anwendung
2 Ziffern	nutzbare Schirmdiagonale
3 Kennbuchstaben	Herstellerland Schirmstruktur und Strahlsystem Ablenkwinkel, Höhen-Seitenverhältnis
2 Ziffern	Typenangabe des Herstellers
x	Leuchtstoffkombination
2 Ziffern	Typenangabe des Ablenksystems

Die Toleranzangaben für Rasterverzerrung, Farbreinheit, Konvergenz usw. werden nach Bestätigung der entsprechenden TGL 43094, 43095 und 43096 (z.Z. Entwurf) in den SERVICE-MITTEILUNGEN bekannt gemacht.

Der VEB WF Berlin übernimmt ab 01.01.85 die Bilanzverantwortung für alle Farbbildröhren 90°-Delta sowie die 110°-Typen und damit die Service-Absicherung bis zum Auslaufen der ET-Haltepflicht.

\+

Mitteilung aus dem VEB RFT Industrievertrieb Leipzig / Magdeburg

Röhrenäquivalent für ELEKTRON 20/24

Bei den Fernsehgeräten ELEKTRON 20/24 aus der VRU kann die Röhre PCF 200 anstelle der PCF 201 eingesetzt werden. Im Zeilengenerator ist dann aber C 311 von 680 pF auf 470...510 pF abzuändern und die Zeilenfrequenz gemäß Serviceanleitung nachzustellen.

\+

HERAUSGEBER | VEB INDUSTRIEVERTRIEB RUNDFUNK UND FERNSEHEN 7033 LEIPZIG, BAUSESTRASSE 6 | TELEFON 4 42 11

METR

II.

Frankreich in der DDR

C3 (LONDON) (LONDRES) ↔ Calais ↔ PARIS ↔ Strasbourg ↔ L'ALLEMAGNE et les PAYS d'EUROPE CENTRALE et ORIENTA

km	1 RAPIDE 1re cl.		11 EXPRESS 1re2e cl.	13 EXPRESS 1re2e cl.	131 DIRECT 1re2e cl.		5 RAPIDE 1re2e cl.		19/119 EXPRESS 1re2e cl.		118/18 EXPRESS 1re2e cl.		6 RAPIDE 1re2e cl.	BC RAPIDE 1re2e cl.	112 DIRECT 1re2e cl.	12 RAPIDE 1re2e cl.		14 EXPRESS 1re2e cl.		
	◆ ✕		◆ ✕	✕			◆		◆ CC 1re2e cl.		◆ CC 1re2e cl.		◆			✕		◆ ✕		
»	...	...	...	...	...	...	...	...		D LONDON-Vict. (H.E.Oc.) ... A		...	...	15f 5	...	...	...	...	...	...
0	...	...	...	...	...	...	...	...		D CALAIS-Maritime ... A		...	...	11 6	...	...	...	...	...	...
111	...	...	...	...	...	...	...	...	...	D LILLE ... A	...	...	...	9 14	...	...	...	...	...	...
623	...	...	...	...	...	...	...	...	...	A STRASBOURG ... D	...	...	...	2 37	...	...	...	...	...	...
0	8 5	...	8 15	12 40	...	...	21 15	...	0 10	D **PARIS-Est** ... A	6 15	...	8 37		...	17t51	...	22 45	...	...
172	|	...	10 27	14 52	...	...	23 27	...	2 32	D CHALONS-SUR-MARNE ... A	3 54	...	6 19		...	15t40	...	20 32	...	...
254	10 33	...	11 19	15 47	...	...	|	...	3 38	D BAR-LE-DUC ... A	2 52	...	5 28		...	14t45	...	19 27	...	...
353	11 25	1re2e cl.	12 30	17 4	...	...	1 19	...	5 9	D NANCY-Ville ... A	1 21	...	4 20		...	13 35	...	18 14	...	1re2e cl.
504	12 43		14 5	18 40		...	2 49	...	7 33	A STRASBOURG ... D	23 23	.....	2 50			12 »	.....	16 37	.....	
	.....	13 1	15 54	...	19 32	...	3 8	.....	7 57	D STRASBOURG ... A	21 37	...	2 26		8 59	10e38	...	14 33	...	18 10
512	...	13 11	16 4	...	19 43	...	3 20	...	8 8	A KEHL ... D	21 25	...	2 13	...	8 49	10 27	...	14 22	...	18 »
	...	13 21	16 30	...	20 »		3 45		8 29	D KEHL ... A	20 59		1 38		8 29	9 52		13 58		17 47
562	...	14 2	17 26	...	21 7	4 57	|	10g 8	|	A BADEN-BADEN ... D	|	19 11	|	0 38	7g12	8 42	13 15	|	17 3	|
588	...	14 8	17 27	...	21e11	...	4 36	10g 9	|	A KARLSRUHE ... D	|	19 3	0 44	...	7g 2	8 37	...	13 2	...	16 58
678	...	15 14	18 49		23 2	...	5 54		|	A STUTTGART ... D	|	...	23 26	...		...	...	11 35		15 49
858	...	17 14	21 21		|	...	8 6	...	|	A AUGSBURG ... D	|	...	21 7	...	|	...	...	8 45		13 47
920	.....	17e55	22 7		|	.....	8 48	.....	|	A MUNCHEN (Munich) ... D	|	.....	20 25	.....	|	.....	.....	8 »		13 8
1073	...	21e »	0 45		|		10 40	...	|	A SALZBURG ... D	|	...	18 20		|	...	...	5 20		11 15
1200	...	23 45	3 12		|	1re2e cl.	12 39	...	|	A LINZ ... D	|	...	16 10	1re2e cl.	|	...	...	3 4		9 8
1390	...		6 20		|		14 50	...	|	A **WIEN-West** ... D	|	.....	14 »		|	.....	.....	0 25		6 30
1390	.....	.....	.....		|	15 15	.....	.....	|	D **WIEN-West** ... A	|	...	...	13 40	|	...	...	|		...
1482	...	...	...		|	16 28	...	...	|	A HEGYESHALOM ... D	|	...	...	12 30	|	...	...	|		...
1670	...	...	...		|	19 24	...	...	|	A **BUDAPEST-Keleti pu** ... D	|	...	...	9 36	|	...	...	|		...
678	...	...	19 19		|	...	6 24	...	|	D STUTTGART ... A	|	...	22 52	...	|	...	...	11 8		...
882	...	...	22 6	...	|	...	9 30	...	|	A NURNBERG ... D	|	...	19 46	...	|	...	...	8 14	...	...
	...	...	0 20	...	|		9 47	...	|	D NURNBERG ... A	|	...	19 33		|	...	...	7 29	...	...
1020	...	...		...	|		12 11	...	|	A SCHIRNDING ... D	|	...	17 23		|	...	...		...	...
1033	...	...		...	|		12 55	...	|	A CHEB ... D	|	...	16 27		|	...	...		...	...
1140	...	...	Vers	...	|	Vers	16 8	...	|	A PLZEN (Pilsen) ... D	|	...	13 29	De	|	...	...	De	...	...
1253	...	...	Bay-	...	|	Bay-	18 7		|	A **PRAHA-Hl.n.** ... D	|		11 25	Bay-	|	.....	.....	Bay-	.....	.....
	.....	.....	reuth	.....	|	reuth		22 »	|	D **PRAHA-Hl.n.** ... A	|	7 48	...	reuth	|	...	...	reuth	...	.....
1634	...	...	(arr.	...	|	(arr.	...	4 10	|	A PETROVICE U.K. ... D	|	1 14	...	(dép.	|	...	...	(dép.	...	...
1640	...	...	1 39)	...	|	11 25)	...	5 19	|	A ZEBRZYDOWICE (HEC). D	|	0 5	...	17 54)	|	...	...	5 50)	...	...
2031	...	...		...	|		...	10p53	|	A **WARSZAWA**-Glo. (H.E.C.). D	|	18r40	...	...	|	...	...	...	...	...
0	...	...	...	...	20 »	...	...	...	8 29	D KEHL ... A	20 59	...	...	...	8 29	...	...	...	...	...
22	...	...	...	...	20 40	...	...	...	8 48	A OFFENBURG ... D	20 43	...	...	...	8 10	...	...	...	...	...
107	...	...	...	...	22 33	...	...		10 29	A VILLINGEN ... D	19 6		...	...	...	6 19	...	...	...	...
201	...	...	...	...		...	...	12v 2	|	A ↓KONSTANZ ... D	|	17v 8	...	...	...	...	...	...	...	...
242	...	...	...	...	...	...	...		13 17	A LINDAU ... D	16 8	...	...	...	...	...	...	...	...	...
450	...	...	...	...	...	...	...	...	17 37	A **INNSBRUCK** ... D	11 5	...	...	...	...	...	...	...	...	...

◆ **RENSEIGNEMENTS PARTICULIERS AUX TRAINS SIGNALÉS PAR UN LOSANGE** ◆

Trains

1 Sauf dimanches entre Paris et München, sauf samedis entre München et Salzburg.
Train à supplément. (1) Paris-München; (1-2) Strasbourg-München; ✕ Paris-Strasbourg et Kehl-München; Strasbourg-Kehl.

4 « L'EUROPEEN ». Sauf dimanches entre München et Strasbourg.
Train à supplément. (1) Salzburg-Paris et (1-2) Wien-Strasbourg sauf dimanches.
✕ München-Kehl et Strasbourg-Paris.
Kehl-Strasbourg.

5 « ORIENT-EXPRESS ». 1re cl. Paris-Stuttgart; 1re2e cl et (2) Paris-Salzburg; 1re cl. et (1-2) Paris-Praha; 1re cl., (1-2) et CC 2e cl. Paris-Wien.
✕ Stuttgart-Wien. Strasbourg-Kehl.

Trains

6 « ORIENT-EXPRESS ». 1re cl. et (1-2) Praha-Paris; 1re2e cl. et (2) Salzburg-Paris; 1re cl. Stuttgart-Paris; 1re cl., (1-2) et CC 2e cl. Wien-Paris.
✕ Wien-Stuttgart. Kehl-Strasbourg.

11 et 14 (1-2) Paris-Wien et Strasbourg-Nürnberg; 1re2e cl. Stuttgart-Wien; ✕ Paris-Strasbourg et vice versa.

19/119 et 118/18 Circulent entre Strasbourg et Innsbruck du **17 DEC 1961** au **7 JAN 1962** et du **19** au **24 AVR 1962** et vice versa.
(1-2) Paris-Innsbruck et vice versa; (2) Paris-Lindau et vice versa; (2) Strasbourg-Lindau et vice versa.

NOTES

- **e** Changement de train.
- **f** Jusqu'au 28 OCT 1961 et à partir du 25 MARS 1962, arr. (H.E.C.).
- **g** Via Offenburg.
- **p** 11 h 50 (H.E.Or.) à partir du 1er AVR 1962.
- **r** 19 h 30 (H.E.Or.) à partir du 1er AVR 1962.
- **t** Bar-le-Duc arr. 14 h 38, sans arrêt à Châlons-sur-Mar Paris arr. 17 h 26 les samedis non fériés, les 2, 6, 9, 13 1961, les 20, 21 et 22 DEC 1961, les 2 et 3 JAN, 23 et 24 1962.
- **v** Circule du 17 DEC 1961 au 7 JAN 1962 et du 19 au 24 1962.

Unter den Brücken von Prag

Lucie und der Angler von Paris (Auftragsproduktion der DEFA für das Fernsehen der DDR), gesendet 1963

Im Literaturunterricht war Friedrich Wolf eine feste und unumgängliche Grösse der Literatur des sogenannten *sozialistischen Realismus*. Dass die verschiedenen Liebeleien dieser Ikone in jeder beliebigen Parteiorganisation höchstwahrscheinlich zu einer Frage der sozialistischen Moral gamacht geworden wären, kam natürlich im Literaturunterricht nicht zu Sprache – mit dem Vater des Chefs der Hauptverwaltung Aufklärung, Markus Wolf, legte man sich eben tunlichst nicht an.

Der Regisseur Kurt Jung-Alsen zeichnete für diese Literaturverfilmung der gleichnamigen Erzählung Friedrich Wolfs verantwortlich. Die erforderlichen Aussenaufnahmen überstiegen die Möglichkeiten des Deutschen Fernsehfunks, weshalb dieser Fernsehfilm als Auftragsproduktion an die DEFA ging, die ihrerseits die Filmstudios in Barrandov (ČSSR) ins Boot holte.

Ganz im Gegensatz zum unvergessenen Bruno Cremer, der als Kommissar Maigret in der französischen Fernsehserie (1991-2005) aus Kostengründen nicht selten in Prag und nicht Paris ermittelte, was die Szenaristen vortrefflich zu verbergen verstanden, hatte die DEFA keine andere Wahl. Ihre *Berges de Seine* (befestigtes Seineufer) war die steinerne Einfriedung der Moldau unterhalb der (Brücke) Čechův most. Die Kamera erfasste deshalb auch das repräsentative Gebäude der Juristischen Fakultät der Karlsuniversität in Prag.

Le »Chaix«, l'indicateur officiciel de la S.N.C.F., auf gut Deutsch – das Kursbuch der französischen Staatsbahnen, gültig mit Wirkung vom 1. Oktober 1961. Ein dickes Buch zum Träumen, freilich in der DDR nicht zu haben...

Paris an der Moldau, die Cagoulard in Bohnsdorf

Schatten Über Notre Dame (Auftragsproduktion der DEFA für das Fernsehen der DDR), gesendet 1966

In einem der tristen *Quartiers* von Paris haust der Held des vierteiligen Fernsehfilms der DDR, *Schatten über Notre Dame,* für das Herbert Schauer und Otto Bonhoff das Szenarium schrieben und sich später verschiedener Auflagen des daraus entstandenen Buches erfreuten.

Als der Film 1966 auf die damaligen Mattscheiben gelangte, war Paris selbst in den Vorstellungen der Nachkriegsgeneration noch so weit entfernt wie der fiktive Planet *Titanus* auf den Seiten eines sehr beliebten SF-Buches gleichen Titels von Eberhard del'Antonio. Die Fernsehbildröhren mit ihrer bescheidenen Größe wie Bildauflösung halfen das Prager Exil der Stadt an der Seine zu vertuschen. Prag war, wenn der DDR geographisch näher als Paris, für DDR-Bürger nicht ganz so leicht zu erleben. Es bedurfte einer Reiseanlage oder eines Ausreisevisums im Reisepass und den Nachweis von gebuchten Übernachtungen oder eine beglaubigte Einladung.

Das muss erst einmal ganz klar sein, denn sonst wäre an dem Film außer massenweise auftauchenden Waffen, perfiden *Collabos* und mörderischen Nazis nichts visuell Glaubhaftes gewesen[3]. Außerdem gehörten der Prager Stadtteil Žizkov und der sich dort bietende Blick die Krásova hinab, dann über die Kreuzung mit der Bořivovoja hinweg und bis ins Tal der Moldau, nicht unbedingt zu den unausweichlichen Höhepunkten jeglicher Stadtbesichtigungen.

Genau dort aber, im mehrstöckigen Wohnhaus Krásova n° 5, bewohnt der Journalist Jacques Batissier (Jiří Vršťala) gemeinsam mit seiner Freundin, der Fotoreporterin Madeleine Labisse (Angelica Domröse) ein kleines Atelier mit einem großem Fenster, dessen (meist unscharfer) Ausblick auf die Dächer von Paris im genannten Prager Stadtteil ebenfalls nicht vorkam…

Die Kameraführung jedenfalls nimmt den Zuschauer an die Hand, und das fremde Dekor wie auch die verschiedenen Charaktere platziere ihn in das zeit- und ortsbezogene Kapitel der Narration. Die Krásova n° 5 wird im ersten Teil aus der Dachperspektive vorgestellt und es ist die gleiche Sicht, aus der die Rückkehr Batissiers aus der Kriegsgefangenschaft (4. Teil) eingefangen wird. Da entsteigt der Journalist, noch immer in einer sorgfältig ausgewählten Uniform eines Poilus, ganz stilgerecht einem *Citroën traction avant* und der französische Betrachter ist fast versucht, die hastig mit Farbe auf die Armbinde gemalten Initialen *FFI (Forces françaises de l'intérieur)* zu suchen, so suggestiv ist das Szenenbild.

Im zweiten Teil hingegen bringt die Kamera den Zuschauer auf das Niveau des Trottoirs zurück und bindet diese Perspektive an den Kommissar Rochambeaux (Herbert Köfer).

Das alles wäre banal, gebe es da nicht eine Bande von mörderischen Reaktionären, die ihre antikommunistische und pauschal gesehen faschistische Gesinnung unter dem Gewande von gesichtsverhüllenden Kapuzen und okkulten Versammlungen pflegen. Aus diesem Gehabe ergibt sich der Name *Cagoulards*, abgeleitet vom französischen Wort *cagoule*, (Voll-)Maske[4].

Solch ein Aperçu ist auch in der Kino- und Fernsehwelt ein Verkaufsfaktor, und die Macher der Fernsehfilmreihe *Das unsichtbare Visier* erinnerten sich dessen, als sie 1977 mit dem *Afrikaanse Broederbond* (drei Folgen) das eigentliche nationalistisch-rassistische Machtzentrum der Südafrikanischen Union anprangern. Dass nun im ersten Teil dieser Episode in Farbe produzierten Serie ein kleines Päckchen mit geheimen Kampfstoffproben per Luftpost von Zollkontrollen unbehelligt aus Pretoria bis in die Bundesrepublik gelangt, erschien dem Verfasser 1977 unglaublich, wurden doch seine Pakete aus Frankreich stets vom DDR-Zoll durchleuchtet oder geöffnet.

Doch zurück zu den französischen Vorkriegs-*Cagoulards* und ihrer Blutspur im Frankreich der dreißiger Jahre. Die Herren Bonhoff und Schauer wurden nicht Unrecht für ihre Sorgfalt und Genauigkeit bei ihren Recherchen für historische Stoffe gerühmt. Bagnoles-de-l'Orne geriet tatsächlich wegen des Doppelmordes an den Brüdern Carlo und Nello Rosselli, italienische Antifaschisten, am 9 juin 1937 in die Schlagzeilen ...[5] Bei Bonhoff und Schauer wird dann nur einer der beiden, und hier unter dem Namen Sorelli, filmgerecht umgebracht.

Paris an der Moldau

In der Wahl Prags als Ersatz-Paris stecken auch einige Parallelen: Beide Städte werden von einem großen europäischen Fluss durchschnitten, ihre Namen beginnen mit dem gleichen Konsonanten und sie haben sich selbst von der deutschen Okkupation befreit.

Gleich zweimal suggeriert der Fernsehfilm, dass die Moldau mit ihren Ufern eigentlich die Seine sei. Die Wahl der Perspektive ist nicht schlecht, wenngleich die Silhouetten der Architektur nicht unbedingt an Paris denken lassen.

Im dritten Teil entschließt sich der Journalistenkollege Batissiers, Maurice (Heinz Behrens) zu einem höchst gefährlichen aber auch sehr patriotischen Akt, als er Zeuge der Kollaboration zwischen dem Polizeipräfekten Blanchard (Wolfgang Greese) und der Gestapo wird. Von einer Telefonzelle, auf die wird später noch einzugehen sein, ruft er Madeleine Labisse an um über sie Batissier vor der Gestapo zu warnen. Letztere hat dank Blanchard die Spur Batissiers in einem Kriegsgefangenenlager ausgemacht.

Die Telefonzelle steht tatsächlich auf dem kleinen Rondell Kapelle Svaté Máří Magdaleny unterhalb der Uferstraße Nábřeží Edvarda Beneše. Der Blick der Kamera öffnet sich dem südlichen Bogen der Moldau mit der Manešův Most, fängt als Kulisse auf dem anderen Seine-, pardon, Moldauufer die Juristische Fakultät der Karlsuniversität ein und fällt schließlich auf die stählernen Bogen der Čechův Most. Dass man im wirklichen Prag eine Telefonzelle unmittelbar neben der kleinen Kapelle hätte finden und von dort aus ein Ortsgespräch mit Paris hätte führen können, war nicht nur im Jahre 1966 ein pures Gerücht…

Préfecture de Police auf de Île de la Cité in Paris. Der Kollaborateur und Cagoulard Blanchard hätte hier seinen Sitz gehabt, auch wenn das Gebäude im Film nicht zu sehen ist.

Der Kollaborateur Blanchard überlebt den Krieg unbeschadet und Batissier ahnt (noch) nichts vom Doppelspiel des einstigen Präfekten, als er mit diesem am Seine-, nein, am Moldauufer entlanggeht…

Ein ungläubiger Schelm – wer in diesem Szenenbild den Staroměstká mostecká věž (das Altstädter Brückentor ausmachen will, er wäre auf dem besten Wege die ganze filmische Illusion von der Stadt an der Seine mehr als rüde und ohne Rücksicht auf den Einfallsreichtum der Filmemacher von damals zu zerstören.

Die *Cagoulards* in Potsdam

Ob nun Friedrich Wilhelm II. von der Ballerei vor einer seiner Haustüren im Königreich sehr angetan gewesen wäre, bleibt dahingestellt. Die *Cagoulard*, so steht es im Drehbuch, wollen *Batissier* an den Kragen, weil er doch schon zu viel weiß seit seinem Besuch bei den Kapuzenmännern zu Hause im Schloss von Bagnoles-de-l'Orne, anders gesagt, im Schloss und in der Schlosskapelle von Goseck. Die Hüter des Schlosses Goseck beklagen bis heute das verantwortungslose Treiben der – *Cagoulards*? – nein, jenes der Leute vom Film![6] Sic!

Ein Posten der Kapuzenmänner wacht bereits hinter einer Litfaßsäule (*colonne publicitaire en bon français*, weil ja Herr Ernst Litfaß nach Deutschland gehört), grossflächig beklebt mit dem filmischen Rendezvous Jean Gabins auf dem *Quai des brumes*.

Sobald dieser finstere Verschwörer Batissier vor dem Tor des Neuen Garten in Potsdam erspäht, gibt er seinen Kumpanen ein Zeichen und die, wahrscheinlich im selben Citroën *traction avant,* der durch viele andere Szenenbilder fährt, schnippen sogleich aus der Hebelstraße hervor, biegen in die Alleestraße ein und decken den Journalisten mit einem Kugelhagel ein. Der wird jedoch glücklicherweise durch den Kriminalpolizisten Decourt (Horst Schön) in Deckung hinter sein Motorrad mit Beiwagen befohlen und durch Gegenfeuer verteidigt. Dass Horst Schön Jahre später seinen verständlich Wunsch nach Freiheit mit zwei Jahren hinter Gittern in Cottbus bezahlte, ist eine andere, traurige Seite des Film- und Fernsehschaffens in der DDR.

Auch diesmal musste der Fahrzeugbesitzer weit entfernt von Paris seine Zulassung beantragt haben, das Motorrad mit dem Kennzeichen *713PH23* wurde im *Département de La Creuse* registriert – frühestens 1950. Ein augenzwinkernder Vorgriff auf den Kultfilm *Back to the Future*?

Ob sich die ahnungslosen Spaziergänger in den gepflegten Parkanlagen wegen der pfeifenden Kugeln sich zu Boden haben werfen müssen, erschließt sich aus der Szene freilich nicht. Glücklicherweise ist auch der Bus der Linie 7 schon kurz zuvor durch das Bild gefahren. Eine Liniennummer übrigens, die in Paris der *Métro* gehört…

Bohnsdorf: Attentat auf einen Kronzeugen

Die DDR der frühen sechziger Jahre konnte sich nach dem ruinösen Mauerbau mit all seinen finanziellen und personellen Konsequenzen keine großen Investitionen im Infrastrukturbereich erlauben. Bereits der Bau des Berliner Eisenbahnringes zur Umgehung Westberlins war nur möglich gewesen, weil andernorts Eisenbahnbrückenteile ausgebaut wurden. Bis zum Ende der DDR waren Strassen- Autobahnbauten nicht von hoher wirtschaftlicher Priroität.

Zu den ganz wenigen Schnellstraßenbauvorhaben gehörte ein Stück Autobahn in Rostock als Hafenzubringer und die Schnellstraße vom Schönefelder Autobahnkreuz nach Norden bis zum Dreieck Treptow, die heutige Bundesautobahn 117. In Bohnsdorf überquert sie den Anger und bot sich als großzügiges Straßenbauwerk geradezu an für eine Szene im 4. Teil – Paris war eben groß und reich an breiten und modernen Straßen.

Versetzen wir uns nun in die Zeit nach Befreiung und Kriegsende. Ein Kronzeuge des Staatsanwaltes soll unter Polizeibedeckung zum Gericht gebracht werden, wo gerade den *Cagoulards* der Prozess gemacht wird (Die Drehbuchautoren nehmen hier Bezug auf die *épuration*, die Reinigung, die Abrechnung mit den *Collabos* und Handlangern der deutschen Besatzer.) Der tatsächliche Prozess gegen die Mitglieder der *Cagoule* fand erst im Oktober 1948 statt und zeichnete sich durch seine Länge und eine große Zahl von Zeugen aus, nicht aber durch ein blutigen Anschlag auf einen Kronzeugen.

Mit großer Sorgfalt werden die *motards*, die Polizisten auf ihren Motorrädern mit passenden Waffen und Uniformen ausgestattet, als sie den Wagen mit dem Kronzeugen eskortieren und beschützen sollen. Sie bewegen sich durch die Eckhofstraße in Köpenick, überqueren den Eckhofplatz und fahren auf der Eckhofstraße weiter in Richtung Westen... - ... wo sie übergangslos und ganz plötzlich in der Buntzelsstraße der Gemeinde Bohnsdorf eben auf jene bereits erwähnte und heute zur A 117 gehörende Straßenüberbrückung zurollen.

Hinter der Brücke gabelt sich die Straße und nennt sich nun Dorfplatz, den die beiden getrennten Fahrbahnen ja auch umschließen. Auf der Grünfläche erhebt sich die Dorfkirche, der Kronzeuge auf dem Rücksitz kann sie in dem engen Ausschnitt der Windschutzscheibe auch wahrnehmen.

Da die beiden Straßen nur im Einrichtungsverkehr befahren werden können, biegt der Konvoi nach rechts ein, wo ihm allerdings eine Baustelle den Weg versperrt und in die Umleitung auf dem linken Straßenzug zwingt, was sich jedoch als perfider Hinterhalt herausstellt. Übrigens sind die Gebäude auf der rechten Seite der im Film versperrten Straße heute noch gut zu identifizieren.

Abgesehen vom erheblichen Munitionsverbrauch der in großer Zahl eingesetzten automatischen Waffen eines sehr tödlichen Kalibers, besticht diese letztlich sehr blutige Szene durch ihre Authentizität, die sich besonders aus der detailgetreuen Kostümierung der französischen Polizisten ergibt (Form der Stulpenhandschuhe und Helme).

Probleme mit dem Kleindarsteller *Martell*

Im ersten Teil betrinkt sich der Mörder (Rudolf Ulrich) des italienischen Antifaschisten ganz fürchterlich, indem er einen *Martell* nach dem anderen he-

Das richtige Jahr 1937, die Stadt der verschiedenen Dreharbeiten, Potsdam. Für Produktion von Farbfilmen für den Deutsche Fernsehfunkwar die Zeit noch nicht gekommen, wohl aber für den Grossvater des Verfassers, der einen der ersten Agfa-Farbfilme in seine Kamera legte...

runterschluckt, ganz so, als ob es sich um eine befohlene Wodka-Dauerübung anlässlich des Banketts des lokalen sowjetischen Kommandeurs handele.

Auf den damaligen Fernsehbildschirmen vermochte selbst bei genauem Hinschauen das eigenartige Verhalten des Cognacs kaum auffallen: Er bildet nach dem Einschenken einen Schaumrand in der Flasche und im Glas. Da hilft dann auch die Originalflasche mit einem in den dreißiger Jahren anzutreffenden Etikett kaum noch um den offensichtlichen alkoholischen Betrug zu verdecken.

Bei aller Toleranz gegenüber der Ausleuchtung, möglicher Körperschatten und des verwendeten Filmmaterials hätte auch die Farbe des Flaschen-/Glasinhaltes dieses Cognacs das angesehene Haus *Martell* (seit 1715) sehr wahrscheinlich in die schiere Verzweiflung getrieben…

Von diesen zweitrangigen und damals ganz sicher nicht wahrgenommenen Minipannen einmal abgesehen, ist das Trinkverhalten des Mörders wenig glaubhaft. Als Befehlsvollstrecker des Geheimbundes wurde er sicherlich nicht so fürstlich für das Verbrechen entlohnt um sich den bereits vor dem Krieg nicht gerade preiswerten Cognac in solchen Quantitäten und mit einer solchen Gleichgültigkeit einverleiben zu können. Auch unser Filmjournalist Batissier hätte wohl einige Probleme gehabt seiner Freundin zu erklären, warum er so viel Geld für diverse Cognacs der besten und teuersten Marke ausgegeben habe.

Auch wenn Schnaps und *Martell* irgendwo etwas gemeinsam haben, nämlich Spirituosen zu sein, die Trinkgewohnheiten waren doch, selbst in den unteren Schichten der beiden Gesellschaften, sehr verschieden.

Beinarbeit, Warp oder nur Anschlussfehler in Prag

Einer gewisser Beinarbeit in Paris muss sich Batissier unterziehen, als er nach dem Kriege die wahre Existenz des ermordeten Kommissar Rochambeaux ergründen will. Nur so kann er auch an die geheimen Unterlagen der *Cagoulards* kommen, die er vor dem Krieg, gemeinsam mit Rochambeaux, den Kapuzenmännern in Bagnoles-de-l'Orne, aka Burg Goseck gemaust hatte[6].

Batissier begibt sich zur Kirche Saint Esprit und folgt damit dem Tipp Decourts, für Jiří Vršťala eine Art Heimspiel in Prag. Die Kirche Saint Esprit ist

Kostel u Salvátorá (evangelisches Gotteshaus). Die Kamera befindet sich an der (oder auf) der Kreuzung Dušní ul. / Salvátorská ul.

Nur Ortskundigen mag aufgefallen sein, dass er plötzlich aus der Gegenrichtung, also von der von Kozí ul., der Kirche des Hl. Geistes zustrebt. Das repräsentative Gebäude in Kozí ul. n° 2 in seinem Rücken ist in seiner Architektur nicht unbedingt typisch für Paris – aber welcher der DDR-Zuschauer weiss das schon. Der spannenden Suche nach Rochambeaux tut dieser wie auch der folgende geographische Sprung keinen Abbruch.

Nur einige Meter von der Kirche Svatého Ducha (des Hl. Geistes) taucht nämlich Batissier aus der Strasse U staré školy (im Hintergrund das Haus n° 6) und geht um die Ecke in die Vězeňská ul., wo er weitere Schneider nach Rochambeaux befragt. Er betritt das Geschäft in der Vězeňská ul. n° 3 und verlässt es durch die Tür in der n° 5 V Kolkovně ul.

Warptransfer, Anschlussfehler oder nur ein Versehen des Schnittmeisters/ der Schnittmeisterin?

Proletarische Pressefreiheit

Sofern es in der DDR um Enthüllungsjournalismus in roten Farben geht – Wallraff oder eben die braven Redakteure von Zeitungen wie *Die Roter Fahne* (Zeitung der Vorkriegs-KPD), *Die Wahrheit* (SEW, Ableger der SED in Westberlin), *Unsere Zeit* (DKP), *Morning Star* (CPGB – Kommunistische Partei in Grossbritannien) oder *L'Humanité* (KP in Frankreich) – dann können Zensur und Verfolgung dieser fortschrittlichen Presse nicht laut genug verdammt werden. Wenn es jedoch um Kritik, und mag sie noch so leise sein, am eigenen Gebäude geht, dann werden all diese Ideale und Polemiken rasch vergessen.[7]

Es muss den Machern des *Schattens von Notre Dame* zugestanden werden, dass sie der Versuchung widerstanden, die Tageszeitung der französischen Kommunisten *L'Humanité* in den Film einzuführen. Die einzig reale und im Film identifizierbare Zeitung ist zum Drehzeitpunkt *Le Monde*, damals ein eher linksorientiertes Blatt. Im 4. Teil treffen wir den *Collabo* Blanchard beim Studium dieser Zeitung an.

Blanchard widmet sich übrigens dieser Lektüre bereits im ersten Teil, selbst die aufreizenden Reklame für *OPEL* (im bösen Westen) entgeht der Kamera nicht. Der Cognac trinkende Mörder liest *La Dépêche*, die tatsächlich existierte, erschiene denn ihr kompletter Name: *La Dépêche du Midi*. Es ist aber eher möglich, dass die DEFA-Druckerei nur den Streifen mit dem Namen des Journals fabriziert hat und die Szenenbildner ihn hernach auf eine andere französische Zeitung aus den sechziger Jahr gepappt haben. Die Frisur der Frau auf dem Titelfoto und die erkennbare schwarze Linie unter dem Titel deuten darauf hin. Vielleicht diente die selbe oder eine andere Ausgabe von *Le Monde* später dem Redakteur der kommunistischen Tageszeitung *Journal de Paris*, Gaston Vernon (Alfred Müller), als Lektüre im Café des besetzten Paris.

In dieser Sequenz sitzt Vernon, in diese Zeitungslektüre vertieft, auf der Terrasse eines typischen Pariser Cafés am Fusse der Řehořová ul. in Prag, genauer gesagt auf der Terrasse vor dem heutig *Hotel Ostaš*, Orebitská 8, im Stadteil Žižkov. Die Kamera ist auf einen Teil der Terrasse mit einem genüsslich rauchenden Offizier der Wehrmacht und die dahinter ansteigende Řehořová ul. gerichtet. Lediglich die moderne Strassenbeleuchtung auf dem linken Trottoir in Form der damals auch in der DDR ähnlich aussehenden Peitschenlampen ist ein unumgänglicher und nur schwach auszumachender Anachronismus.

Die kommunistische Zeitung *Journal de Paris* ist nur zweimal sichtbar, dann in deutscher Sprache, was zum Verständnis der Szene unabdingbar ist. Bliebe nur noch nachzutragen, dass das *Journal de Paris* die erste französische Ta-

Ein solcher auf Gasbetrieb umgerüsteter Citroën traction avant mit dem hastig aufgemalten Kreuz von Lothringen wurde oft von den »Fifi«, den Angehörigen den Widerstandsorganisation Forces françaises de l'intérieur (FFI) requiriert. Hier ein Exponat der Genkstätte Coupole d'Helfaut (nie fertig gestellte Basis für V2-Waffen im Pas-de-Calais) mit einem damals üblichen Zulassungschild.

838
BD 2

geszeitung war und in dieser Form von 1777 bis 1840 erschien. Später wurde unter diesem Namen eine royalistische Wochenzeitschrift herausgegeben – ob Georges Marchais und Jacques Duclos wohl sehr darüber gelacht hätten?

Der ewige Ärger mit den polizeilichen Autokennzeichen

Eine Mietwagenfirma in Paris verleiht im 1. Teil einen Wagen an den Mörder Sorellis. Noch ist an überregionale oder gar paneuropäische Leihwagenunternehmen nicht zu denken, aber das besagte Fahrzeug, folgt man seinem Kennzeichen, dass ja erst viele Jahre später nach dem Krieg so vergeben worden wäre, wurde im *Département de la Haute-Savoie* zugelassen, also nicht gerade im Pariser Umland...

Die Attentäter der *Cagoulards* vor dem Neuen Garten in Potsdam kommen in einem Citröen daher, der im *Département des Bouches-du-Rhône* registriert wurde (2214 PX 13). Das macht noch Sinn, weil die Gangster ja ihre Identität verschleiern wollen. Natürlich hätten sich die wirklichen Gendarmen in den dreissiger Jahren auch bei diesem ungewohnten Kennzeichen mehr als verwundert gezeigt, denn wer kann schon die Zukunft mit administrativ-polizeilicher Sicherheit voraussehen.

Der augenscheinlich in Paris arbeitende Journalist Maurice fährt einen roten Fiat zugelassen unter 4428 PX 32 im *Département du Gers*, das Pariser Taxi im 1. Teil ist im Département Aude in Südfrankreich immatrikuliert (549 NT 11), lediglich das Taxi im 2. Teil stammt wirklich aus Paris (75). Auch der Kronzeuge im 4. Teil wird in einem im *Département de Seine et Marne* zugelassenen Wagen (428 AJ 77) nach Köpenick und Bohnsdorf chauffiert.

Kaum verwundert es, dass der Chef der wenig karitativen Mörderbande der *Cagoulards* aus dem *Départment de la Haute-Garonne* (702 AY 31) kommt. Zweifeln darf der aufmerksame Zuschauer allerdings auch an der Zulassung der beiden Redaktionsautos des *Journal de Paris* im *Département de la Savoie* – 6554 AJ 73 und 3548 AY 73 (4. Teil). Aber ist es nicht auch die hohe Kunst der Illusion, die uns seit ihrer Geburt an die bewegten Bilder beseelt?

Telefone und die Sorge ums Detail

Gleich dreimal wird von einer Pariser Telefonzelle aus telefoniert (3.u. 4. Teil). Zunächst ist die Reihe am Journalisten Maurice, der seinen Kollegen Batissier vor der Verfolgung durch die Gestapo zu warnen versucht (3. Teil). Der Sorgfalt der Verantwortlichen für das Szenenbild entging nichts, selbst die Regeln für das Telefonieren mit einem Münzfernsprecher, dem sogenannten *Taxiphone*, wurden in Französisch auf den Apparat geklebt. Der Text ist durchaus authentisch, dürfte aber bei der Kürze der Sequenz und vor allem dem damaligen Fernsehbild kaum lesbar gewesen sein. Und doch legten die Leute vom Szenebild auch hier eine unglaubliche Präzision an den Tag.

Von derselben Telefonzelle aus informiert *Gaston Vernon* im 4. Teil seine Kollegen in der Redaktion des *Journal de Paris* von der überraschenden Aussage eines Kronzeugen. Nachdem *Gaston Vernon* die Hand vom Telefonapparat zurückzieht, hebt sich die linke Kante der Instruktionen etwas empor. Kein Klebstoff ist eben perfekt! Bemerkenswert authentisch sind ebenfalls die Notizen an den Wänden der Telefonzelle.

Schließlich ist es der Chef der *Cagoulards* vor Ort, der seine Hierarchie über die Pleite bei der Jagd nach den Unterlagen informieren muss.

Doch auch in anderen Szenenbildern sind zeitgemäße Telefonapparate zu bewundern. Die heute als Sammlerstücke begehrten Ungetüme hätten ohne weiteres in der Redaktion des *Journal de Paris*, in der Polizeipräfektur oder anderswo stehen können.

Gewiss, mit metallenen W28 und den in Bakelitausführung noch in der DDR hergestellten W38 wäre das Ganze einfacher gewesen – die westliche Fernseh-Konkurrenz hinter der Mauer war zur gleichen Zeit weniger skrupulös und vermengte auch schon einmal Rechts- und Linksverkehr (Strassenfeger nach Vorlagen von Francis Durbridge) wie auch landestypische Requisiten.

Mietshäuser und mörderisches Kanalufer

Schwer zu lokalisieren sind die Szenen vor dem Mietshaus, indem Madame Puget wohnt. Das gilt auch für den Kanal, den Batissier mit den Papieren der

Cagoulards durchschwimmt. Es ist möglich, dass sich diese Drehorte in Potsdam oder in den Vororten von Berlin (Köpenick z. B.) befinden, da die Auswahl von Drehorten bis heute meist durch das zur Verfügung stehende Budget bestimmt wird.

Ebenfalls Fragen werfen die Szenen im dritten Teil auf, in denen der Journalist Maurice tot in seinem Wagen aufgefunden wird, Gaston Vernon um Haaresbreite in die Fänge der Gestapo gerät und seine Genossen das nur mit einer heftigen Schießerei mit den Typen vom SD vermeiden können. Die Männer vom Widerstand liegen am Hang eines Kanals und in dieser Beziehung kann eines als gesichert angesehen werden: Es handelt sich nicht um den Kanal von St Martin in Paris.

Am Ende des 4. Teils gibt es eine wilde Verfolgungsjagd in einer nächtlichen Innenstadt, so geschickt in Szene gesetzt, dass auch der französische Betrachter an eine der kleinen Städte um Paris denken mag. Die *Cagoulards* habe die Sache mit den geheimen Dokumenten noch nicht aufgegeben, denn die Justiz hängt an ihren Fersen.

Wurde dieses Finale in Naumburg gedreht? Einige der Einstellungen legen diese Schlussfolgerung jedenfalls nahe. Vielleicht werden andere Zuschauer dieser spannenden Fernsehproduktion eine schlüssige Antwort darauf geben. Wie auch immer – die Leute der DEFA haben auch noch Jahrzehnte nach der letzten Klappe das Recht auf ihre kleinen und großen Geheimnisse…

Als Paris nach Görlitz auswanderte…

Salut Germain (Auftragsproduktion der DEFA für das Fernsehen der DDR), gesendet 1971

Der 27. Juli 1971 war ein nicht sehr heißer wohl aber schwüler Sommertag in den vorletzten Schulferien des siebzehnjährigen Verfassers. Am Abend drangen die vielfältigen Düfte des Gartens wischen dem Haus und dem Gothaer Hauptbahnhof in das Zimmer, denn die Eltern des Verfassers hatten die Fenster weit geöffnet.

Für seine beste Sendezeit sah der DFF in seinem ersten Fernsehprogramm den letzten Teil der Abenteuerserie *Salut Germain* vor. Der Titel *Die letzte Nacht in Paris* suggerierte dem Verfasser die verrückte Idee, wie es sich denn anfühle, wenn dies *seine erste* Nacht in Paris sei.

Mangels nicht nur eines Reisepasses mit Freigangbewilligung sondern auch des notwendigen Kleingelds in konvertibler Währung des *NSW* (*Nichtsozialistisches Währungsgebiet*) stellte der Verfasser eine andere, weitaus mehr situationsbezogene Frage: Hatten die diese Serie wirklich in Frankreich gedreht, und sein Vater sagte darauf, dass dies nun mehr als unwahrscheinlich sei.

Siebenundvierzig Jahre später brütet der Verfasser über einem Buchtext, diesmal in französischer Sprache. Er ist längst dort angekommen, wo die Film- und Fernsehleute der DDR ihren Hauptheldan, den deutschen Überläufer Stefan Roderich, später nur Germain genannt, dargestellt von Ulrich Thein, agieren und dabei ihre Zuschauer an authentische Drehorte glauben ließen.

Führte Helmut Krätzig auch Regie bei dieser 13-teiligen Serie des Deutschen Fernsehfunks, so stammte die Vorlage von Harald Hauser, DDR-Schriftsteller und gehörte während der Jahre der deutschen Okkupation Frankreichs der *Résistance* an, wo er unter dem Namen Jean-Louis Maurel in Avignon und Lyon Widerstandsarbeit leistete. Dieser Abschnitt seines Lebens floss unzweifelhaft in den filmischen Weg Germains ein, die diversen amourösen Abenteuer des Harald Hausers wohl eingeschlossen. Letztere waren übrigens ein merkwürdiger Aspekt in einer Republik, deren Parteispitze sehr auf moralische Sauberkeit ihrer Genossen achtete und, wenn sie es denn für notwendig befand, nicht davor zurückschreckte, auch das Privatleben der Genossen bis in den letzten Winkel auszuleuchten…

Eigentlich hätten die Zuschauer meinen können, ein solcher Mann habe genug gehabt von Gestapo-Spitzeln und –Verrätern um sich in der von ihm erkämpften sozialistischen DDR auf ein ähnliches Spiel einzulassen. Nein, seit 1978 bespitzelte er als Informeller Mitarbeiter des MfS selbst seine Mitbürger und das unter dem wenig einfallsreichen Tarnnamen *Harry*[8]...

ETAT
KKwF
100179
HOMMES-40
CHEVAUX
SURFACE 18 96
GV 10
PV 20

Auf einem schicken Mifa-Fahrrad...

... mit ordentlichem Rücklicht und Luftpumpe jedoch ohne Frontlampe (glücklicherweise hat Lyon keine ABV) radelt Germain in die ersten Folge (Erstens kommt es anders...), nachdem einige in Totale aufgenommenen Stadtansichten von markanten Punkten Lyons die Betrachter geographisch fixiert haben.

In der gleichen Folge geht es auch rudernd aufs Wasser, und das wird dann ein glattes Heimspiel für die Leute von der der DEFA, die auch diesmal den Auftrag des Deutschen Fernsehfunks der DDR ausführen. Der frischgebackene *Résistant* erhält nämlich seine Instruktionen vor der Kulisse des Gaswerks Potsdam mit Koksseparation und Zichorienmühle.

Vor dem damals ziemlich heruntergekommenen Gebäude des Kutschstalls in Potsdam, das sich nun in Lyon befindet, kommt es kurz darauf zu einem heftigen und für die meisten daran beteiligten deutschen Militärs tödlichen Schusswechsel, welcher der Befreiung von Widerstandskämpfern dient. Da nun auch ein Held verletzlich zu sein hat, schleppt sich Germain mit einer Schusswunde am Beinb aus der Nahkampfzone in ein Lyoner Etablissement, dessen Gewerbe in der DDR bestenfalls zur Leipziger Messe halboffiziell vorkommt und dann auch noch von den Schlapphüten der Stasi überwacht wird.

Im Jahr 1943 haben die Deutschen kurzerhand auch Südfrankreichs besetzt und üben damit auch polizeiliche Gewalt in den Freudenhäusern aus. Das Ambiente des Studio-Bordells speiste sich sicherlich aus den Erinnerungen des Szenaristen ; er hat sie wohl in einem Band von 1982 zusammengefasst : *Der illegale Casanova, Erzählungen, Militärverlag der DDR(Ost-Berlin)...*

Mit diesem Güterwagen bewahrt das Museum Cité du train in Mulhouse die schmerzliche Erinnerung an die Deportation in in die Todeslager auf. Jüdischen Mitbürger, Résistants und die Franzosen, die sich der Zwangsarbeit in Deutschland zu entziehen versucht hatten, wurde in solche Güterwagen gepfercht... ohne Nahrung, ohne Wasser

Das Theater *Moulin Vert* von Lyon

Ist es eine ausgezeichnete Rückpro oder haben sich Kameramann und Ulrich Thein eine kurze Aufnahmetournee in Lyon und Avignon gegönnt? Eine 16mm Kamera dürfte in diesen touristischen Hochburgen kaum Aufmerksamkeit erregt haben. Jedenfalls zeigt sich Germain sehr kurz vor dem stimmigen Hintergrund der Primatiale Saint-Jean und der Basilika Notre-Dame de Fourvière.

Nach solchen nur kurzen visuellen Verlockungen geht es in der zweiten Folge (*Vorübergehend Gestapomann*) ins Lyoner Theater, wo die führenden Köpfe der Résistance Arges für die Nazi planen. Wolfgang Dehler in der Haut des Sturmbannführer Klaube, ein nicht gerade sehr aufgeweckter Gestapohenker, macht Jagd auf die *Résistance* und lässt nach Ende der Vorstellung das gesamte Lyoner Theater durchsuchen. Dazu hat er auch gleich mehrere LKW auffahren lassen, um einen Teil der Besucher einsammeln und zum Verhör fahren lassen.

Da seine Gegner hingegen stets raffinierter sind als die Deutschen, die ausserdem im Kugelhagel auch durchweg sterblicher erscheinen, gelingt es dem brutalen Gestapomann natürlich nach Vorstellungsende nicht, die Männer des Widerstandes an diesem Abend festzusetzen.

Folglich erscheint er am folgenden Morgen vor dem Theater in – nein, Lyon ist es nicht, es befindet sich in Altenburg. Der filmische Coup ist gelungen, vor allem dank einer sehr selektiven Kameraführung, die verräterische Panoramaansichten vermeidet. Das Moulin Vert, so heißt das Etablissement im Film, entledigt sich zu früher Stunde eines Müll- und Aschetransports, und den lässt Sturmbannführer Klaube durchsuchen. Vergeblich.

Diese Szenenbilder schließen den Seitentrakt des Altenburger Theaters ein. Der Müll- und Aschetransportwagen wird von einem Traktor der Marke *Pionier* gezogen, der erst 1949 das Licht der Welt erblickte, und zwar in der DDR …

Was jedoch besonders beachtenswert ist: Die Beschäftigten der DEFA haben aus dem DDR-Altenburg wirklich ein Stück Frankreich gemacht. Selbst das kleinste Schild, unlesbar auf den damaligen Kathodenbildröhren mit ihrer durch die Fernsehnorm bedingten schwachen Auflösung, ist korrekt in französischer Sprache ausgeführt:

«Accès à la chaufferie Prier de ralentir»	*»Zugang zur Heizung. Langsam fahren«*

Ohne Rhône nichts los – oder doch?

Ein deutscher Oberst (Herwart Grosse) wird überzeugt, dass ihn sein Patriotismus in diesem Krieg nur an die Seite der *Résistance* führen kann, und er demzufolge dem Widerstand geheime militärische Informationen anvertrauen sollte. Die sich nun aus diesen noblen Absichten ergebende elegante Nachrichtenübermittlung erfolgt während eines kurzen Halts des Obristenwagens auf einer Saône – oder Rhônebrücke in oder bei Lyon.

Wie zu erwarten, riskieren weder Herwart Grosse noch die zwei vom Widerstand, letztere warten unter der Brücke am Praschwitzer Ufer, ihr Leben, Die Stadtbrücke in Pirna überspannt die Elbe, nicht aber Rhône oder Saône. Also wieder nichts mit Südfrankreich. So geschehen in der dritten Folge – *Dynamit aus Büchern.*

Der Oberst kommt aus Pirna, hält und lässt eine Zigarettenschachtel mit der geheimen Nachricht auf der Ostseite der Brücke fallen. Typische Straßenlampen aus DDR-Tagen und das sehr Reichsbahn-deutsche Eisenbahnsignal an der damaligen Kursbuchstrecke 312 Strecke Pirna – Neustadt enthüllen die gelungene Trickserei – aber nur bei genauer Betrachtung auf heutigen Bildschirmen. Und vergessen wir nicht: In der DDR gab es weder Kassetten oder DVD, noch eine Rückspultaste oder einer Zeitlupenfunktion bei der Wiedergabe .

Frankreich gewollt, Bautzen bekommen

In der vierten Episode *Rendezvous bei Abbé Jerome* gelangt Germain dann doch noch in die Hände seines Peinigers, Obersturmbannführer Klaube. In Lyon wird Germain gefoltert und schließlich, wie die Gestapo glaubt, zur Kooperation, also zum Verrat gebracht. In der Altstadt von Lyon nun soll Germain das Haus und damit das Nest der *Résistance* ausfindig machen.

Wahrscheinlich haben es die engen und teilweise ansteigenden Gassen und das im Film bereits sehr heruntergekommene Portal des Domstifts in der Straße An der Petrikirche dem Filmteam angetan. Bautzen wird zu Lyon.

Bautzen. Fischerpforte mit alter Wasserku

Der hoch über der Stadt liegende Friedhof der Petrikirche eröffnet übrigens in einem anderen Plot die Möglichkeit für eine rasche und spektakuläre Verbringung des geheimen Waffenlagers über die Friedhofsmauer.

Während Germain nach einer Möglichkeit sucht der Gestapo zu entfliehen, kommt ein Straßenschild in den Blick der Kamera: Rue de l'espérance – Straße der Hoffnung. Selbst heute noch verwöhnt mit der Realität seiner neuen Heimat, kommt der Verfasser nicht umhin, die Kameraführung zu bewundern, meidet sie doch die Totale, welche ja die geographische Wahrheit hätte enthüllen können. Unmöglich ist es, freilich bei Wahrung eines vernünftigen Budgets, auch die architektonischen Besonderheiten deutschen Städtebaus auszublenden (Türen, Fenster usw.).

Durch die hintere Brüdergasse geht beispielsweise die Hatz – erst Germain, dann die stahlbehelmten Schergen der Nazis. Der bereits traurige Zustand der Altstadthäuser, die Erosion der Mauern und das Pflaster entsprechen den kurzen Ansichten der Altstadt Lyons aus dem ersten Teil.

Meissen – ziemlich südlich

Im Verlauf der Folgen 6 und 7 – *Lilli Marlen wechselt die Front* und *Kennwort »confiance«* – führt Germain eine Partisanengruppe im Vercors, das jedoch namentlich nicht erwähnt wird. Die Landschaft und die relative geographische Nähe zu Lyon deuten jedenfalls auf diesen sehr bewegten Schauplatz der französischen *Résistance* hin. Ob dieses Vercors nun in der ČSSR, in Bulgarien oder doch nur in der DDR lag, können wohl am Ende wohl nur die Produktionsunterlagen des Bundesarchivs, so sie denn existieren, beantworten, zu spärlich sind die bildlichen Anhaltspunkte.

Nachdem Germain seine Mission im Vercors erfüllt hat, finden wir ihn irgendwo in Südfrankreich in einer Burgruine wieder, eine vielleicht in Frankreich oder in Bulgarien aufgenommene Sequenz.

Dann geht es Schlag auf Schlag. Der Kommunist und Führer der örtlichen Résistance, Lebrun[9] (Leon Niemczyk), wird in einen *Citroën Traction Avant* der Gestapo verfrachtet, der ein polizeilichen Kennzeichen des *Départements Nord–Pas-de-Calais* – von 1950! – trägt.

Die Szene wird in Meißen aus zwei Blickrichtungen gedreht – einmal vom Schlossberg in Richtung Hohlweg und zum anderen in Richtung Schlossberg von der heutigen *Konditorei Ziegler* aus, auf deren Terrasse Babette (Monika Gabriel) sitzt und den Vorgang beobachtet.

Der Gestapowagen fährt in den Hohlweg ein und Babette, nachdem sie ganz unfranzösisch *Herr Ober* und nicht *Garçon* gerufen und bezahlt hat, läuft den Schlossberg hinab. Der Kellner nimmt sein Fahrrad und radelt die Leinenwebergasse hinauf.

Es gehört zu den wundervollen Geheimnissen der Filmkunst, dass die Pforte des heute übrigens liebevoll restaurierten Hauses Schlossberg Nr. 3 Babette scheinbar direkt von Meißen an die Gestade des französischen Mittelmeers führt … oder doch nur nach Burgas in Bulgarien?

Ulrich Thein in Avignon ?

Mit Unterstützung der französischen Genossen und einer privaten Beherbergung des möglicherweise sehr kleinen Drehteams könnte es möglich gewesen sein, dass sich Ulrich Thein rund zwanzig Sekunden der achten Folge (*Mädchenräuber und falscher Major*) vor dem markanten Profil der einstigen Stadt des Pontifex, Avgnon, zeigen durfte. Das wäre dann wirklich in Frankreich gewesen, immerhin!

In dem Augenblick aber, als der VW-Kübel der SS mit wenig sympathischen uniformierten Galgenvögeln (Kleindarsteller) ins Spiel kommt, bleibt wiederum nur der Rückgriff auf Bautzen und seine Stadttore.

Die deutschen Besatzer haben allen Grund dazu, die Stadt Avignon in der Lausitz und ihre falschen Bürger zu terrorisieren: Lebrun, der Führer der *Résistance*, ist ihnen dank Germains Einsatz entwischt. Sehr genau halten sich die Filmemacher an die Geschichte, denn dem Befreiungskommando der *Maqui-*

Meissen, Blick auf den Hohlweg, 1989

sards gehören auch vermeintliche Mitglieder der verhassten *Milice* eines Marcel Déat an.

Folgerichtig stellt sich in der Episode 9 *Überraschungen im Jagdschloss* – die Frage, wohin mit dem durch Folter geschwächten *camarade* Lebrun? Das Jagdschloss eines reichen und scheinbar den *Collabo* zuzurechnenden Franzosen bietet sich als sicher Lösung an. Das noble Anwesen ist hingegen nur ausgeborgt, und zwar in Sachsen. Visuell gemaust wurde es in der Gartenanlage der Schlossanlage Moritzburg und ist in Wahrheit das Fasanenschlösschen.

Schienenschlacht[10] oder liebenswerte Fehler

(Teil 10 – Der Minenleger fährt mit im Zug)

Den Vergleich mit vielen westlichen Produktionen, deren Szenenbilder die Welt hinter dem Eisernen Vorhang zeigen sollen, braucht *Salut Germain* nicht zu scheuen. Und doch: Die fehlende Möglichkeit, die Weltanschauung durch eine Anschauung der Welt zu konstruieren, spielte den Filmemachern so manchen Streich.

Da ordentliche Partisanen und vor allem jene der *Résistance-Fer* Züge der Besatzer in die Luft jagen, wird Germain auch in einem solchen und freilich nicht ungefährlichen Unternehmen aktiv. Ist die Auswahl des Wagenparks und der Dampflokomotive nicht zu beanstanden, so haben die Szenenbildner bei den Aufschriften der Eisenbahnfahrzeug kräftig daneben gelangt.

Weder die Aufschrift RF, sie kann wahlweise *République Française* oder *Réseau français* (französisches Netz) bedeuten, sind typisch für die Konvois zwischen Mai 1944 und der Befreiung im Jahre 1944. Die Wagen, wenn sie nicht beschlagnahmt wurden, in diesem Fall dann wurde das die Bezeichnung S.N.C.F. durchgestrichen, verkehrten mit ihren ursprünglichen Beschriftungen.

Wie immer, achtete die DEFA sehr auf Eisenbahndetails, mehr als die westlich-dekadente Konkurrenz in dem in der DDR verdammten Film *Battle of Britain* (Luftschlacht um England) von 1969, wo der pompöse Sonderzug des fetten Reichsmarschalls auf zwei Wagen reduziert worden war und dabei einen gewöhnlicher Sitzwagen aus der Nachkriegsproduktion führte.

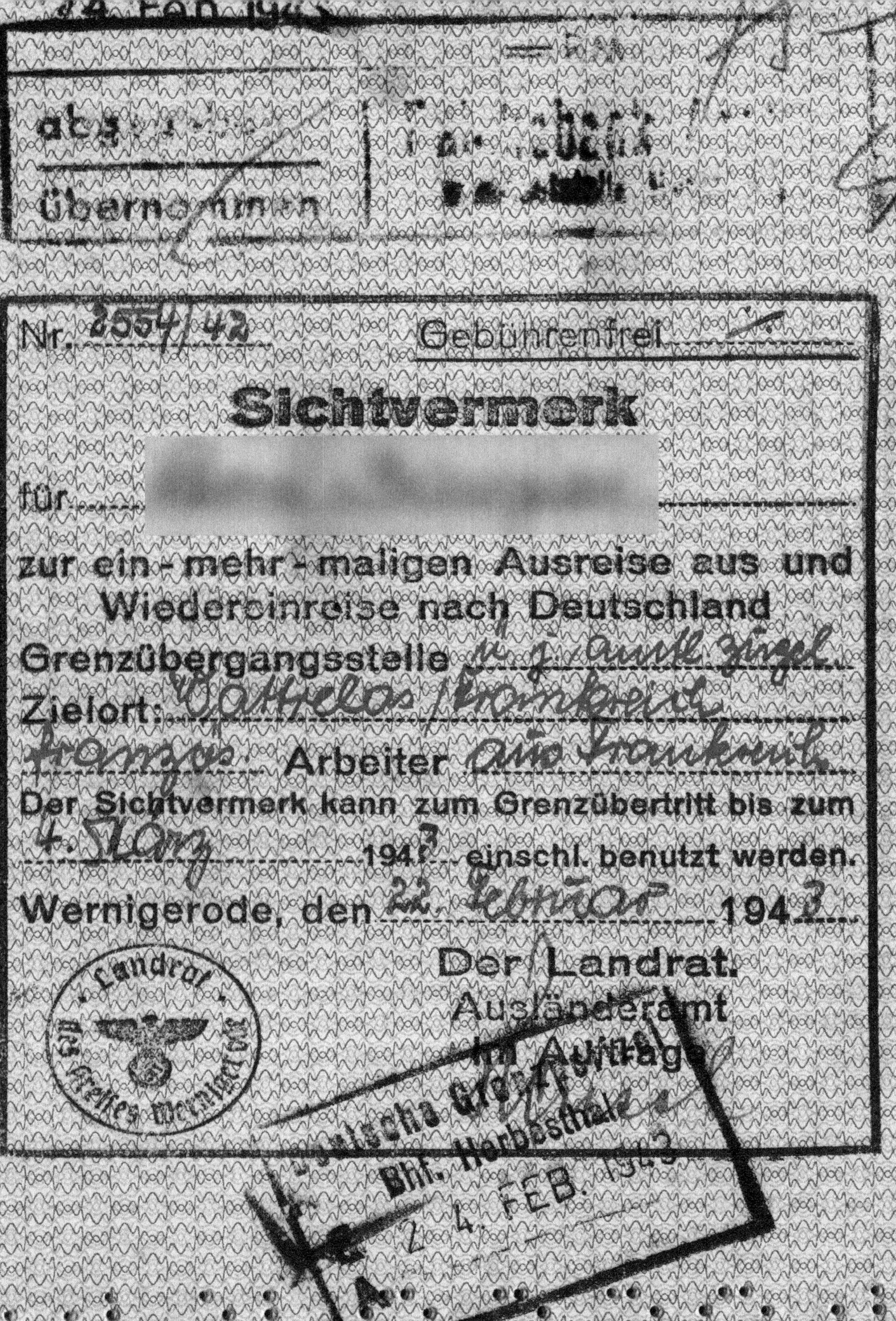

Nr. 2554/42 Gebührenfrei ./.

Sichtvermerk

für ....

zur ein - mehr - maligen Ausreise aus und Wiedereinreise nach Deutschland

Grenzübergangsstelle v. j. amtl. zugel.

Zielort: Cattelas / Frankreich

franzos. Arbeiter aus Frankreich

Der Sichtvermerk kann zum Grenzübertritt bis zum 4. März 1943 einschl. benutzt werden.

Wernigerode, den 22. Februar 1943

Der Landrat.
Ausländeramt
Im Auftrage

Landrat des Kreises Wernigerode

übernommen

Bhf. Herbesthal
24. FEB. 1943

Neben einem sogenannten vierachsigen *Hechtwagen* (zwischen 1921 und 1928 für Schnell- und Eilzüge gebaut), war offensichtlich auch ein vierachsiger Abteilwagen aus den Tagen der Königlich Preußischen Eisenbahn-Verwaltung im Spiel. Als Germain das stille Örtchen eines Wagens frequentiert, gerät die Wagennummer 220-414 ins Blickfeld.

Der unfreiwillig komischste linguistische Ausrutscher ist jedoch der als *VOITURE A MANGER* etikettierte Speisewagen. Selbst wenn den DEFA Leuten nur ein Speisewagen aus der Vorkriegszeit oder Fotos der Neubaufahrzeuge von 1961 zur Verfügung standen[11], bei denen die den internationalen Regeln folgende französischen Bezeichnung *Voiture restaurant* unter der Dachraufe noch nicht angebracht war[12], so schrieb doch ein Harald Hauser das Szenarium; dessen sehr gute Beherrschung der französischen Sprache war übrigens in dem DEFA-Film *Die gefrorenen Blitze* (János Veiczi, 1967) zu bewundern...

Nach *Wadenbeisser* und dem *Eisenbeisser* (Richard Kiel) gibt es in der Serie nun auch einen *Wagenbeisser*, denn *Voiture à manger* könnte man auch so übersetzen: Wagen zum Essen / Verspeisen / essbarer Wagen. Schliesslich gibt es im Deutschen neben dem *Speisewagen* auch *Speiseöl*, *Speisekartoffeln* und *Speisewürze*… Ist das dann die linguistische Erklärung?

Nicht nur deutsche Schüler haben so ihre Schwierigkeiten mit dem Geschlecht der Hauptwörter der französischen Sprache, *vice-versa*, also umgedreht, ist es genauso. Insofern fällt der weibliche französische Staat *Etat française* auf dem Schild von *Radio Paris* in diesen ewigen Problembereich der Lehrer auf beiden Seiten des Rheins. (Folge 13 – *Die letzte Nacht in Paris.*) Das Wort *État* ist wie im Deutschen maskulin und wird, wenn es im Sinne des deutschen Begriffes *Staat* gebraucht wird, sogar groß geschrieben …

Görlitz an der Seine, Paris an der Neisse

In der Folge 11 – *Nachts bei Lilian* – wird eine erpresste Spionin der Amerikaner (Anna Prucnal) umgedreht, tritt ein Luftwaffenoffizier (Otto Mellies) der *Résistance* bei und der Drehstab arrangiert eine herrliche und sehr bleihaltige Verfolgungsjagd durch Paris, bei welcher der Obersturmbannführer Klaube (Wolfgang Dehler) entführt und samt des von des Kofferaufbau eines flüchtigen

Lieferwagens von den Kugeln seiner eigenen Leute so durchsiebt wird, dass er bei diesem Unternehmen sein elendes Leben aushaucht.

Zunächst parkt besagter Luftwaffenoffizier seinem Dienstwagen, umgeben vom friedlichen und wenig belebten Szenenbild der Neißstraße vor dem Restaurant, Ort des Treffens mit der amerikanischen Agentin. Im Paris in den Jahren vor Hausmann hätte die Altstadt von Görlitz unzweifelhaft eine bessere Kopie als das Original abgegeben. 1970 fällt der Trick nur deshalb nicht besonders auf, weil der Durchschnittssterbliche der DDR Paris nie wirklich zu sehen bekommt.

Fast synchron strahlt am 27. August 1970 das DDR-Fernsehen zur Hauptsendezeit die Folge *Maigret und die sonderbaren Geschwister* der BBC-Serie *Kommissar Maigret* mit Rupert Davies aus (1962, in ZDF-Synchronisation von 1965). Um mehr als eine halbe Stunde kürzer als das Format der französischen Ferienserie von Claude Barma (Antenne 2, Hauptdarsteller war der unvergessene Jean Richard) zeigt die britische Serie ein sehr schwarz-weißes Bild unserer Hauptstadt. Auch die später vom DDR-Fernsehen teilweise gesendete bereits erwähnte Serie mit Jean Richard lebt mit sehr realistischen Szenenbildern von Paris. Insofern sind beide Serien ein bemerkenswertes filmisches Zeugnis des Frankreichs der sechziger Jahre. Wie auch die Aufnahmen der langsam dem Verfall preisgegebenen Innenstadt von Görlitz (1989 wird die Situation katastrophal sein) sind es nicht selten Bilder ohne Glanz und Glimmer. Paris hat auch eine andere Welt zu bieten, jenseits der grossen Boulevards.

Bei einer gewöhnlich kriminellen Entführung wären die beiden Fernseh-Maigrets wohl aktiv geworden, doch Germain hat ja nun seinen verhassten Gestapofolterer, Obersturmbannführer Klaube, in einem Pariser Restaurant gekidnappt und es gilt jetzt diese Beute sowie den Luftwaffenmajor und dessen Schwester sicher aus der Umklammerung durch mehrere Gestapobeamte herauszubringen. Das geschieht in einem Lieferwagen einer Bäckerei mit der Aufschrift *LE BON PAIN DE VANDRIN, 116 Avenue Victor-Hugo, Galv. 53 32*. Dass die Abkürzung der damals in Paris noch gebräuchlichen Telefonvermittlungen *Gal* und nicht *Galv* ist, und der Bindestrich im Straßennamen der deutschen Orthographie entlehnt wurde, sind weitere liebenswerte Fehler, die in Hollywood in gleichem Kontext wahrscheinlich noch gravierender ausgefallen wären.

Der Koffer des Lieferwagens ist in Holz ausgeführt und der Zuschauer bekommt bald vor Augen geführt, warum das so ist. Im Übrigen hat die Autoindustrie den DDR-Bürger an Holz als Konstruktionsmaterial gewöhnt: IFA F8 bis 1953 und nach 1961, mangels notwendiger Tiefziehbleche, der sogenannte *Wartburg-Schweinewagen* in Rohbauweise, garniert mit der Empfehlung, die Ladefläche mit Holz zu verkleiden…

Wie eine Kanonenkugel kommt der Lieferwagen aus der Toreinfahrt des Hauses Neißstraße 7 (Ecke Hainwald/Neißstraße) herausgeschossen und lässt einen verblüfften Gestapisten mit seinem im *Department Indre* (Polizeiliches Kennzeichnen nach dem Schema von 1950) zugelassenen *Opel Olympia* zurück, um dann unverhofft (unverhofft nur dann, wenn der Zuschauer die Görlitz Innenstadt kennt) in der Straße mit dem Namen Handwerk aufzutauchen.

Von dort biegt er links in die Kränzelstraße ein, was so aber dank der Magie des Schnittes später nicht der Fall sein wird. Die Rue La Bourse (eigentlich: Rue de la Bourse) ist die Kränzelstraße, nur eben ihr nördlicher Ast. Die wahre Rue de la Bourse im zweiten Pariser Arrondissement, das sei der Vollständigkeit halber vermerkt, ist breiter und, im Vergleich zu ihrer Görlitzer Fernsehschwester, eine prachtvolle, fast monumentale Angelegenheit.

In der Görlitzer Ausgabe dieser Straße erwartet die Leute vom Widerstand eine Straßensperre mit absolut nicht pazifistisch gesinnten deutschen Militärs. Der gleiche Ort taucht übrigens kurz darauf erneut auf und hinterlässt das irrige Gefühl, einer Odyssee im Kreis beigewohnt zu haben. Der Soldat mit seiner MPi 40 steht allerdings an ganz andere Stelle, von wo er zur weiteren Perforation des

Handelte es sich nicht um den Ausschnitt einer alten Ansichtskarte aus der Zeit um die Jahrhundertwende, könnte der unvoreingenommene Betrachter meinen, ein Szenenfoto des Hauses Neißstraße 7 in Görlitz vor sich zu haben. Der Opel Olympia der Gestapo wurde rechts vor der Stützmauer geparkt .

Altstadt.

hölzernen Aufbaus des Bäckereilieferwagens beiträgt – im oberen Teil des Hainwaldes, im Rücken die Peterskirche. Der schreckliche Zustand der Bauten der Görlitzer Innenstadt ist hier besonders deutlich sichtbar.

Ein Brite mal gar nicht so antikommunistisch

Die Übergabe einer ganzen Festung samt erschießungswürdiger Gefangener und Deserteure verschafft Germain den Rang und Uniform eines französischen Offiziers und führt ihn entlang der Mauern der Festung Königstein direkt in die Burg Stolpen. Ein exzellenter Beweis für die Kunst der geographischen Manipulation der Filmemacher.

Zuvor jedoch gibt es ein Treffen mit Lebrun in der Pariser *Métro*. Eine geschickte Kameraführung sowie die baulichen Gegebenheiten des 1970 nur zu Abstellzwecken genutzten Waisentunnels unter dem Berliner Alexanderplatz geben der Sequenz ein hohes Maß an Authentizität. Die gewölbte Tunneldecke entspricht den Tunnelquerschnitten in Paris.

Dagegen verrät die nach oben abgedeckte Stromschiene, dass es sich nicht um den Pariser *Métro*-Untergrund handelt, wo dieses technische Lösung so nicht zu finden ist. Im Hintergrund dürfte die Einfädlung in die Abstellanlage der Linie E nach Friedrichsfeld liegen. Eine Fluchtgefahr bestand nicht, denn das Wehrschott vor der Spreeunterfahrung am Bahnhof Jannowitzbrücke war stets geschlossen und so konnte niemand bis zum Geisterbahnhof Jannowitzbrücke laufen und einen Zug der Linie D (heute 8) (damals Transit Berlin Wedding – Berlin Neukölln) anhalten.[13]

Bemerkenswert war die Öffnung des britischen Offiziers Jessy (Dieter Wien) gegenüber dem kommunistischen Widerstand; kein typischer Vektor übrigens für andere DDR-Filme dieses Genres, wenn es um Angehörige der west-

Unnatürliche Leere im Labyrinth der Pariser Métro zum Weihnachtsfest 2000.

lichen Armeen ging. Henri (Wolfgang Dehler), der sympathische und kommunistische Offizier der französischen Abwehr, Mitglied des illegalen Lagerkomitees im KZ Buchenwald, war im propagandistischen Fernsehopus *Ich – Axel Cäsar Springer* ist eine Ausnahme[14].

Die Befreiung von Paris am Dresdener Elbufer

Die typischen DDR-Straßen Lampen und das nur spärlich bebaute Neustädter Ufer mit dem stark geschundenen späteren sächsischen Finanzministerium verrieten wahrscheinlich dem Vater des Verfassers, dass Paris in der letzten, der 13. Folge – *Die letzte Nacht in Paris* – doch eher am Dresdener Elbstrand als an der Seine zu suchen sei, genauer gesagt, zwischen dem südlichem Ende der damaligen Dimitroffbrücke, heute Augustusbrücke, und der Treppe zu den Brühlschen Terrassen.

Ganz wie im Falle der Darstellung der Widerstandsorganisation *Rote Kapelle (KLK an PTX – Die Rote Kapelle)* soll natürlich auch während der Befreiung von Paris kein Zweifel daran aufkommen, dass die Kommunisten an der Spitze des Aufstandes stehen. Das Buch und der gleichnamige Film *Paris brûle-t-il* – Brennt Paris – vermittelt eine weitaus differenziertere Sichtweise der Befreiung von Paris als in der DDR gewünscht[15] und standen auf dem Index. In der abschließenden Folge der Serie kann die führende Rolle der Kommunistischen Partei durch die Begrenzung des Aufstandes auf den Handlungsperimeter des Helden Germain exemplarisch erzielt werden, zumal sich der britische Offizier Jessy widerspruchslos dieser Kommandohoheit unterzuordnen scheint.

Auf der Suche nach einem Arzt gerät Germain, einen schwer Verwundeten Kameraden über die Schulter geworfen, in eine ausgelassene Party der sich schon

Abendstimmung an einem Sommertag des Jahres 1962. Die nunmehr nach Dimitroff benannte Augustusbrücke, links die Brühlschen Terrassen – die Befreiung von Paris fand hier jedoch erst einige Jahre später statt ...

befreit fühlenden bourgeoisen Crème von Paris. Nicht nur, dass der vom Pulverdampf gekennzeichnete Germain dort den Besitzer des Zufluchtsortes für den befreiten *Résistant* Lebrun (Teil 9 *Überraschungen im Jagdschloss)* antrifft, der ihm sogleich seine Bürgschaft für den Erwerb der französischen Staatsangehörigkeit anbietet, es erscheinen ein amerikanischer und ein französischer Offizier in jeweils tadelloser Uniform auf der Bildfläche. Letztere sind wenig erbaut von den sowjetfreundlichen Perspektiven, die Germain in die französische Zukunft projiziert. Die wenig subtile Botschaft dieser Szene ist unmissverständlich: Während die von den Kommunisten geführten Arbeiter bei der Befreiung in den Straßen von Paris verwundet oder erschossen werden, feiern die reichen Nabobs.

Da das DDR-Fernsehen der Thematisierung von Liebesbeziehungen zwischen DDR-Bürgern und Ausländern (selbst solchen aus den sogenannten Bruderländern) nur allzu gern aus dem Weg ging, begleitet natürlich die französische Geliebte unseren Held bei seiner Rückkehr in ein sozialistisches Deutschland.

Agathe Schweigert in Frankreich

Die große Reise der Agathe Schweigert (Auftragsproduktion der DEFA für das Fernsehen der DDR), gesendet 1972

Welcher DDR-Bürger kannte es nicht, dieses unbehagliche Abwarten im Zugabteil auf die polternden und häufig preußisch unfreundlichen Genossen von der stasiorganisierten Passkontrolle und des DDR-Zolls. Wer es vergessen hatte, wurde angeherrscht die Brille aufzusetzen, weil sie ja auf dem Foto im Reisepass oder Personalausweis zu sehen war. Bei dieser Gelegenheit erfolgte auch der militärische Befehl, das Kontrollorgan anzusehen und den Kopf zu drehen um das Ohr ins rechte Blickfeld zu bringen.

Nie konnten Mann und Frau sicher sein, dass die von der DDR zuvor gewährte Gnade des Freigangs außer Landes sich nicht über Nacht in eine Zeile im Fahndungsregister verwandelt hatte, und nun die Aufforderung nach sich zog, samt Gepäck das Organ aus dem Zug in einen Verhörraum irgendwo im Bahnhofsgelände zu begleiten. Wie bei den *Borg* aus *Star Trek The Next Generation* war jeder Widerstand irrelevant. Der Untertan hatte sich zu fügen.

Im Auftrage des Fernsehens der DDR produzierte die DEFA den Film *Die grosse Reise der Agathe Schweigert* nach dem gleichnamigen Buch von Anna Seghers, der schriftstellernden Westemigranten-Passionara der DDR-Literatur.

Agathe Schweigert (Helga Göring) besitzt einen kleinen Kurzwarenladen irgendwo im Deutschland. Wenn es jedoch die gut sichtbare St. Marien-Kirche ist, dann beginnt die Geschichte in Stendal. Nur eine Woche will sie ihren Laden schließen um sich, so die offizielle Version, nach Paris zur Weltausstellung 1937 zu begeben. Hinter der Legende steckt die mütterliche Sorge um ihren Sohn, der vor den Nazis nach Paris geflüchtet und dort jedoch postalisch nicht mehr auffindbar ist. Das ist der wahre Grund ihrer grossen Reise.

Zunächst überquert ihr Zug einen Wasserlauf und es darf spekuliert werden: Vielleicht ist es der Mittellandkanal und ihr Personenzug fährt westwärts nach Hannover, wo sie ihren Anschluss nach Paris Gare du Nord erreicht. Allerdings, sie sitzt in Fahrtrichtung auf der linken Seite, erfährt die vorherige flache Landschaft (ohne Richtungsfehler) eine Verwandlung in das hüglige Panorama eines flachen Mittelgebirgstales. Hinter dem Schaffner der Reichsbahn hingegen, er steht vor den Fenstern auf der rechten Seite, erstreckt sich weiterhin eine Ebene.

Der Hoheitsadler an der Uniformmütze darf allerdings nicht darüber hinwegtäuschen, dass die Jacke und vor allem das Oberhemd mit blauer Krawatte in die Zeiten der sozialistischen Reichsbahn gehören, im Jahr 1937 war das Zugpersonal noch bis unter das Kinn militärisch zugeknöpft.

Die Kamera fängt in der folgenden Sequenz einige Fenster eines im Bahnhof haltenden Zuges ein und es folgt der Blick in das Abteil. Mit unbewegtem Gesicht und amtlicher Kälte repräsentiert der Schauspieler Siegfried Loyda den unerbittlichen Beamten des Zollgrenzdienstes während der Ausreisekontrolle im Zug nach Paris. Folgen wir den bereits erwähnten geographischen Hinweisen, so kommt eigentlich nur der Grenzbahnhof Aachen in Frage, und tatsächlich benennt ein Reisender auf der Gangseite Bruxelles als sein Reiseziel.

Der Verfasser erinnert sich an einen Aufenthalt auf dem Grenzbahnhof Děčín hl. n., wo in der eigentümlichen Stille im Inneren des Zuges, die nur durch das Klacken und den im Kasernhofton gestellten Fragen unterbrochen wurde, ein Mann samt seines Gepäcks *»ausgestiegen«* wurde. Ähnliches geschieht auch im Zug nach Paris, der Beamte des Zollgrenzdienstes scheint die Anwesenheit des auszusondernden Reisenden erwartet zu haben.

Die Weltausstellung in Paris ist für die Ordnungsmacht ein ausreichender Ausreisegrund, und so drückt der Uniformierte einen runden Stempel in Frau Schweigerts Reisepass ohne jedoch ein Stempelkissen zu benutzen. Doch genau das ist ein winziger Fehler, denn die Sichtvermerke des Deutschen Reiches hatten eine rechteckige Form, ähnlich denen der frühen DDR.

Wie in der DDR wurde auch im Reisepass bis Kriegsende die ausgereichte Summe in ausländischer Währung eingetragen, da solche Zahlungsmittel der Zwangsbewirtschaftung[16] durch das Naziregime unterlagen. Ähnlich wie einige Jahrzehnte später in der DDR, war diese Summe 1937 auf 10 Reichsmark oder unter Zugrundelegung des Kaufkraftequivalents auf etwas mehr als 40 €[17] beschränkt. Wie sich aber im Verlauf des Films noch herausstellen wird, hat unsere Reisende ein kleines Bündel von Geldscheinen in ihrer Börse, ausreichend um die Kosten für Logis und eine weitere Fahrkarte nach bis an die spanische Grenze zu bezahlen. Hätte also der Uniformierte ihr Portemonnaie visitiert, sie wäre ganz sicherlich in erhebliche Schwierigkeiten geraten. DDR-Bürger werden sich gewiss noch der frenetischen Suche des Zolls nach illegal über die Grenze gebrachten tschechoslowakischen Kronen erinnern…

Interessant ist der Paradigmenwechsel, der dem Betrachter untergeschoben wird: Reisen nach Frankreich waren im antifaschistischen Kampf ebenso positiv wie Devisenvergehen, beides vierzig Jahre später undenkbar und strafbewehrt.

War es nun noch relativ leicht, die Szene in einem bei der Reichsbahn in diesen Jahren noch vorhandenen Ganzstahlreisezugwagen dritter Klasse[18] (oder einer aus Teilen eines solchen Fahrzeugs errichteten Dekoration) zu drehen, so war der Wunsch des DDR-Fernsehens nach authentischen Drehorten in Frank-

Traum-Dokument: Ein DDR-Reisepass mit einem Ausreisevisum für 30 Tage Freigang in Frankreich...

Визы

waltungs-
gebühr

Gerstungen

VISUM

Nr. 06

gültig zur

ein – ~~mehr~~ – maligen

AUSREISE

nach

DER FRANZÖSISCHEN

REPUBLIK---

für -30- Tage

über die Grenzübergangsstelle

GERSTUNGEN

bis 23. DEZEMBER 81/R

ausgestellt am 10.08.1981

Gerst

reich ein Problem einer ganz anderen Größenordnung, für das eine ungewöhnliche Lösung gefunden werden musste:

> *« Für das Fernsehen der DDR war diese Adaption einer Erzählung der weltbekannten Schriftstellerin Anna Seghers so wichtig, dass die Dreharbeiten nach Möglichkeit an den originären Schauplätzen stattfinden sollten, in Frankreich und auch in Spanien. Das DDR-Fernsehen verfügte allerdings nicht über die dafür erforderlichen frei konvertierbaren Gelder. Da bot sich eine Kooperation mit der »Hamburger Ateliergesellschaft« an.*
>
> *Sie war bereit, diese Dreharbeiten zu finanzieren, wenn sie dafür die Verwertung in den nichtsozialistischen Ländern solange übernehmen dürfte, bis die verauslagte Summe eingespielt war. Eine Bedingung wurde allerdings von Hamburger Seite gestellt: Es sollte für sie eine einteilige Fassung von nicht mehr als 100 Minuten hergestellt werden, weil sich Einteiler besser vermarkten ließen. So entstand eine »Exportfassung«, obwohl die Schnitte den künstlerischen Rhythmus beschädigten. Als später beschlossen wurde, diese Adaption in den Lehrplan des 8. Schuljahres aufzunehmen, erschien dem Volksbildungsministerium die kürzere Fassung besser einsetzbar als der vollständige Film mit 135 Minuten Spieldauer. »*[19]

Paris, Paris

Getreu der literarischen Vorlage begibt sich Agathe Schweigert auf die Suche nach ihrem Sohn Ernst, der in der Stadt des Lichtes seinem Studium nachgeht. Von Zeit zu Zeit nimmt sie eine seiner Postkarten zur Hand und vergleicht die flache Schwarz-Weiß-Fotografie mit der Realität in den Farben, wie der Verfasser vermutet, einer *ORWO*-Kopie.

Fünfunddreißig Jahre später dürften vielleicht einige DDR-Zuschauer des Filmes auch die Postkarten ihrer nach Paris reisenden Westverwandschaft hervorgeholt haben. Allerdings ließ der direkte Vergleich dann noch bestenfalls weitere siebzehn Jahre auf sich warten.

Doch zurück in das Paris des Jahres 1937. Die Verfolgung Agathe Schweigerts bei ihrer kinematographischen Stadtbesichtigung offenbart eine geographische Abfolge, die alternativ viel Beinarbeit oder eine Reihe von Métro-Tickets erfordert hätte.

Kaum angekommen auf der *Gare du Nord* im Norden des Stadtzentrums scheint sie umgehend und auf zweckmäßige Weise einen Zug der Métro-Linie 4 bestiegen zu haben, ist mit diesem bis zur Station Montparnasse Bienvenüe im Süden des Innenstadtbereiches gefahren und hat von dort mit der Linie 12 eine Station in Richtung Mairie d'Issy zurückgelegt, dessen von ihr benutzter Ausgang direkt auf das repräsentative Gebäude zwischen Rue du Cherche-Midi (Eingang n°133) und Rue de Vaugirard (n°131) weist. Dieses Szenenbild wäre heute so nicht mehr zu realisieren, da die Stadt Paris große Anstrengungen unternommen hat, die minerale Urbanität durch das Grün der Bäume aufzulockern…

Weil dem Schnittmeister in der DDR die eigene Anschauung der Stadt an der Seine fehlt, lässt er den Hamburger Kameramann eine verlockende Aussicht über die Dächer von Paris hinüber zu *Sacre Cœur* und der Oper einfangen, die sich Agathe Schweigert bieten würde, wenn sie einen der Türme von Notre Dame bestiegen hätte.

Der Anschlussfehler ist fatal, weil wir unsere Reisende *illico presto* danach auf dem Quai de Montebello antreffen, im Hintergrund die *Bouquinistes* mit ihren bibliophilen Schätzen. Das Szenenbild lässt keinen Zweifel: Sie sieht Notre Dame zum ersten Mal in ihrem Leben und vergleicht sie sogleich mit der Postkarte ihres Sohnes.

Sie steht wahrscheinlich auf dem südlichen Trottoir des Quai de Montebello mit dem Rücken zum kleinen Square zwischen dem Quai und den Mündungen der Rue Maître Albert und Rue des Grands Dégrés. Auch hier wäre das Szenenbild heute kompromittiert – das sympathische Grün der Bäume verdeckt die vielfach gebrochenen Linien der Bebauung von Saint Michel. Der eingefangene zeitlose Charme des Quartiers verleitet zum Träumen.

Es scheint, dass Agathe Schweigert, immer noch den Koffer in der Hand, an der Brücke Saint Michel vorübergeht und über die Quais bis zum Pont (Brücke) Alexandre III läuft. Unterwegs hat sie offensichtlich den Weg über die Berges de la Seine unterhalb des Quai d'Orsay eingeschlagen und steigt am Fuß der Brücke Alexandre III die östliche Treppe empor. Dort aber geht sie vom westlichen Ende die Brücke zum Großen und Kleinen Palais. Im Szenenbild sieht man hinter ihr die Kuppel des Invalidendoms.

Dürfen wir annehmen, dass sie den langen Weg von der Brücke Alexandre III durch die Innenstadt und über den Montmarte bis in das 18. Arrondissement zu Fuß zurückgelegt hat? Mit ihrem Gepäck steigt sie jedenfalls in diesem schönen und sehr Pariser Szenenbild die Stufen der Rue Becquerel hinab und geht dann in das Hotel / in die Pension (heute ein Hotel) in n° 4, Rue Becquerel.

Auf dem Eiffelturm erfährt Agathe Schweigert, dass ihr Sohn nach Toulouse gefahren sei. Während der DDR-Zuschauer, die Schüler im Literaturunterricht der Polytechnischen Oberschule hier ausdrücklich eingeschlossen, noch darüber nachsinnen, was sie wohl tun würden im Angesicht des wundervollen Panoramas, nehmen sie vielleicht nur oberflächlich wahr, wie die Mutter die beiden Gefährten ihres Sohnes, Jacques (Rudi Lenoir), den Angestellte der Pension in der Rue Becquerel, und Yves (Jean-Paul Zehnacker) bedrängt um den Aufenthaltsort von Ernst zu erfahren.

Die beiden Franzosen mit ihrem lieblichen Akzent tun sich schwer, die Regeln der illegalen Arbeit bei der Unterstützung der jungen spanischen Republik durch die französischen Kommunisten zu übertreten. Ernst, so sagen sie, sei in Toulouse, aber niemand wisse, ob er nicht schon weiter gezogen sei nach Spanien.

Agathe Schweigert entschließt sich zum sofortigen Aufbruch. Und weder der Louvre noch der kleine Bruder des Arc de Triomphe, der Triumphbogen auf der Place du Carrousel, können sie von ihrem Vorhaben abbringen. Sie identifiziert die Gebäude und Jacques ist erstaunt: »Sie kennen das alles?«, worauf Agathe Schweigert antwortet: »Ich hab das alles schon gekannt, bevor ich hergekommen bin. Mein Sohn hat mir alles beschrieben. «

Ein kurzer, aber für die DDR-Bürger vielsagender Dialog, formten diesedoch ihre Anschauung der Welt in der Regel nur über den Bildschirm, die raren Bücher und die Postkarten ihrer Freunde und Verwandten jenseits der Mauer.

Arc de triomphe du Carrousel. Agathe Schweigert kennt den Triumphbogen bereits wie viele ihrer DDR-Mitbürger – durch Ansichtskarten...

Toulouse fand teilweise in Castelnaudary statt

Und wieder sitzt sie in einem Eisenbahnabteil, diesmal auf bequemen Plüschpolstern, über sich authentische Gepäcknetze. Vor dem Abteilfenster ein Zeitungskiosk mit der Aufschrift *Livres*. Der Sprachrhythmus der weiblichen Bahnhofsansage im sonoren Hintergrund lässt eher an Leipzig Hauptbahnhof als an den Bahnhof Paris Austerlitz denken…

Ja, die Schauspielerin Helga Göring ist tatsächlich durch die Straßen von Toulouse gelaufen, ihre zuschauenden Anhänger in der DDR haben sie dafür gewiss ein wenig beneidet. Eine touristische Reise wird es für Helga Göring jedoch nicht gewesen sein, denn an den Drehorten erwartete sie ein Stück harter Arbeit. Ihre Rolle im französischen Dekor, also auf gewissermaßen fremden Pflaster, hat sie meisterhaft gespielt. Glücklicherweise wurde die Hamburger Ateliergesellschaft, heute aufgegangen im Studio Hamburg, nicht von Devisensorgen geplagt, auch wenn sie natürlich ein Budget zu respektieren hatte.

Es sollte jedoch vermerkt werden, dass die filmische Agathe Schweigert gar nicht erst in Toulouse ankommt. Der ahnungslose Zuschauer mag dies wohl glauben, auf dem Eifelturm in Paris wurde es ja schließlich so gesagt. Der schöne Schein des ersten Blickes auf das Szenenbild suggeriert das ja auch, kommt doch Frau Schweigert aus der Tiefe einer in den Schatten eines schönen Sommertages des Jahres 1937 getauchte Straße, welche ihrerseits im gut sichtbaren Hintergrund einer Passage entspringt, und derer gibt es ja in Toulouse gleich mehrere

Sie läuft auf den Betrachter zu und biegt in die Rue des Carmes ein um in das Hotel zu gehen. In Toulouse könnte nichts authentischer sein als das Versprechen eines unvergleichlichen Cassoulets, auf die Hauswand geschrieben und gewissermaßen bekräftigt durch die vielen Labels der verschiedenen Hotellerie- und Fremdenverkehrsverbünde neben der Eingangstür des kleinen Hotels. Doch der Name *Grand Hôtel* entlarvt den geschickten und durchaus sympathischen Betrug: Das *Grand Hôtel* in Toulouse ist eine sehr ernste, mondäne und daher teure Angelegenheit, ein majestätischer Bau im Stile Hausmanns, und außerdem gibt es in der Regel ein *Grand Hôtel* eben in jeder Stadt nur einmal.

Auch ein anderes Detail lässt am der lokalen Bezug zweifeln: Das Straßenschild, weißer Schrift und Einrahmung auf schlichten blauen Grund, ist im historischen Stadtkern von Toulouse nicht zu finden, dort gibt es Straßennamen in Schwarz auf weißen Grund.

Die nichtfilmische Realität ist folglich eine andere: Helga Göring kommt aus der Rue de l'Arcade in Castelnaudary (!) und nicht in Toulouse und biegt in die dortige Rue des Carmes ein. Das Hotel Rue des Carmes n° 14 gab es tatsächlich, sein großer Name *Grand Hôtel Fourcade* war für eine Kommune mit ca. 11 000 Einwohner durchaus angemessen, selbst wenn der Michelin von 1972 von ihm keine Notiz nahm[20]. In den letzten Jahren, so mögen wir glauben, hat niemand mehr dort logiert oder gegessen, das ehemalige Hotel harrt wohl besserer Zeiten oder der Abrissbirne. Die Schilder mit den Namen der Hotel- und Fremdenverkehrsbünde sind ebenso verschwunden wie das Schild der *Licence IV*, amtliche Autorisation für den Alkoholausschank im Restaurant.

Seit damals hat sich auch der von der Schauspielerin Helga Göring zurückgelegte Weg verändert. Die Gebäude zwischen dem Hotel und der Arkade wurden niedergelegt und der Blick fällt jetzt auf einen Parkplatz.

Fragwürdige Kraftfahzeugkennzeichen, Akteure im Wurmlochtransfer

Wie bereits die Kollegen in der DDR (*Salut Germain*) erlagen die Hamburger, vielleicht auch aus rein pragmatischen Kostengründen, dem Glauben, dass es die amtlichen Kennzeichen für Kraftfahrzeuge mit den gut erkennbaren Nummern wie 4376 OT 31 bereits 1937 gegeben habe. Tatsächlich wurde diese Kennzeichnung – 31 steht für das Département Haut Garonne, dessen Hauptstadt Toulouse ist – erst 1950 eingeführt.

Das Café im Hintergrund gab es tatsächlich, es ist die n°5 der Rue de l'Arcade, was ja den Namen Café de l'arcade erklärt. Seit den deutsch-deutschen Dreharbeiten ist daraus ein Restaurant mit dem hübschen Name *Aux petits gazouillis* worden. Zum fröhlichen Zwitschern ist Agatha Schweigert im Zwischenraum Frankreich nicht zumute.

Die beiden Darsteller schicken sich an, die Rue des Carmes hinabzugehen – und treten im folgenden Szenenbild unvermittelt aus dem kühlen Halbdämmer der Rue de l'Echarpe auf die sonnenüberflutete Place d'Assézat in Toulouse – das geschieht im Bruchteil einer Sekunde für 58 km. Das vermag eben nur der Film oder der Beamvorgang aus *Star Trek*!

Im Hôtel d'Assézat befindet sich das Film-Büro für die Freiwilligen, die der spanischen Republik zu Seite treten wollen. Heute beherbergt das Gebäude die Stiftung Georges Bemberg. Sein Innenhof ist eine wahre Augenweide, die in jedem Falle ein kurzes Verweilen verdient – vor der Besichtigung des Museums in seinem Inneren!

Stets mit ihren Gedanken bei ihrem Sohn überquert Agathe Schweigert die Brücke Pont des Catalans mit ihrem charakteristischen Eisengeländer, ganz so, als ob sie von den Schlachthöfen (*Les Abattoirs* – heute Exposition zeitgenössischer Kunst) auf das andere Ufer der Garonne gelangen wolle. Zum großen Leidwesen des heutigen Spaziergängers hat sich das grandiose Panorama von damals verändert. Wohl sind die Chapelle Saint-Joseph de la Grave mit seiner Kuppel und die Basilique Saint-Sernin immer noch zu sehen, doch das rechte Ufer der Garonne wurde in den vergangen Jahrzehnten vom urbanen Wirken des Menschen ereilt.

So wie Agathe Schweigert rasch die 58 km zwischen Castelnaudary und Toulouse zurücklegen konnte, wollte es auch ihr französischer Begleiter bewerkstelligen: Kaum hat er das Hôtel d'Assézat in Toulouse mit den Papieren für die Reise Agathe Schweigerts nach Spanien verlassen, stürmt er bereits die Rue des Carmes in Castelnaudary hinauf, an deren Ende Agathe Schweigert in Gedanken versunken auf der Terasse ihres Hotels sitzt. Diese Terasse ist übrigens nichts anderes als das Trottoir der Rue de l'Arcade.

Der Pass, der Stempel – letzte Klappe

Ausgestattet mit den notwendigen Papieren und Adressen, macht sich Agathe Schweigert mit dem Zug auf die Reise an die spanische Grenze, die sie allerdings in einer Gruppe von Freiwilligen für die internationale Brigade zu Fuß überwinden muss. Von Schwelle zu Schwelle marschiert die kleine Gruppe auf der Gleismitte durch einen dunklen Tunnel bis zum spanische Grenzposten auf der anderen Seite einer Brücke.

Es gibt nur zwei Bahnstrecken von Frankreich nach Spanien, bei denen ein Eisenbahntunnel die Grenzpassage im rollenden Zug markiert: Die zweigleisige Haupstrecke Cerbère – Port Bou, einstmals eine von vielen Expresszügen nach Barcelona und Madrid frequentierte zweigleisige Arterie, und eine heute zwischen Bedous und Canfranc in Spanien unterbrochene eingleisige Strecke, die von Pau aus der spanischen Grenze zustrebt.

Wahrscheinlich, so die Intentionen der Filmemacher in Anlehnung an das Buch, sollte das der Filmort sein. Das Häuschen der spanischen *Carabineros* befindet sich in der Realität wie im Film auf der linken Seite des Gleises, nur gibt es hinter dem Tunnel von Somport keine Brücke, die ein Tal überspannt.

Es obliegt dem Autor nicht, die szenische Spur Helga Görings in Spanien zu verfolgen, eine Frage treibt ihn jedoch um: Mit welchen Reisepapieren hätte Helga Göring von Frankreich aus über die Grenze in das noch franquistische Spanien gelangen können, sofern dort gedreht wurde? In den siebziger Jahren, als es bereits einen konsularischen Dienst in der *L'ambassade de France en République démocratique allemande près de la République démocratique allemande* gab (seit 1973), bedurfte es noch immer eines Antragsverfahren für ein Visum. War dies schon gegenüber den französischen Behörden nicht immer *sinécure*, also kein Honigschlecken, so sind Zweifel angezeigt, ob die DDR-Bürgerin Helga Göring im (noch) franquistischen Spanien mit einem kommunistisch geprägten Filmprojekt eine gern gesehene Besucherin gewesen wäre. Einzig die Außenaufnahmen aus dem fahrenden Auto mit einer guten 16 mm-Kamera dürften für die Hamburger in Spanien kein Problem gewesen sein. Touristen waren dort immer gern gesehen.

Ein Drehort kann sicher identifiziert werden: Inmitten der Interbrigadisten fährt Frau Schweigert auf der Ladefläche eines LKW ihrem Sohn hinterher. Eingezwängt von den hohen Befestigungsmauern rollt das Fahrzeug dem Portal des Woronzowskij-Palast in der Nähe ukrainischen Stadt Alupka entgegen. Anfang der siebziger Jahre gehört die Krim noch zur ukrainischen Sowjetrepublik und diese wiederum war Teil der brüderlich mit der DDR verbundenen UdSSR – da konnten die Leute von der DEFA drehen, ohne die Hamburger Produktionsfirma in Anspruch zu nehmen. Blauen Himmel, herbe Landschaft und das Schwarze Meer lieferten das notwendige spanische Dekor.

man noch blaues Licht hinzu, so wird Gelb zu Weiß. Je nach der Intensität der Grundfarben lassen sich so alle Farbtöne und -nuancen erzeugen.

Wie dies auf dem Bildschirm einer Farbbildröhre geschieht, erkennt man, wenn man diesen gewissermaßen mit

bilder, die auf die drei Aufnahmeröhren gegeben werden. Im Prozeß der Bildwandlung entstehen aus den optischen Bildern die drei Signale Rot, Grün und Blau, von denen jedes die Information über e i n Farbauszugsbild enthält. Die drei Farbauszugsbilder (3) lassen er-

drei Farbauszugssignale vorzunehmen.

Aber die Schwarzweißempfänger haben auch bei farbigen Sendungen ein einwandfreies Schwarzweißbild, ebenso wie der Farbempfänger auch Schwarzweißsendungen einwandfrei wiedergeben kann.

Unterschied zwischen Farb- und Schwarzweißempfängern

Die wesentlichen Teile, in denen sich der Farbfernsehempfänger von einem

und der horizontale Abstand zweier gleichfarbiger Punkte etwa 1,2 mm. Durch diesen kleinen Abstand verschmelzen die Punkte der drei Raster für das Auge miteinander. Ihre Farben mischen sich und ergeben das Bild in natürlichen Farben (14).

Empfänger für das II. Programm des Deutschen Fernsehfunks

Farbfernseh-Spitzengerät „Color 20" / 14 Staßfurter UHF-Empfänger / Nach- und Umrüstung von Geräten und Antennen / Umfangreicher Informations-, Verkaufs- und Wartungsservice

Das ist der erste DDR-Farbfernsehempfänger: das Tischgerät „Color 20" des VEB Fernsehgerätewerke Staßfurt. „Color 20" hat eine implosionsgeschützte 59-cm-Lochmaskenbildröhre und ist volltransistorisiert und mit sieben Automatiken – darunter eine für die Spannungsgleichhaltung – ausgestattet Foto: ND

Die Entwicklung einer dem neuesten internationalen wissenschaftlich-technischen Stand entsprechenden Farbfernseh- und UHF-Empfangstechnik für die DDR ist das Kernstück des Konsumgüterprogramms der VVB RFT Rundfunk und Fernsehen zum 20. Jahrestag der Republik. Ihre rechtzeitige Überführung in die Serienproduktion, die Deckung des Nach- und Umrüstbedarfes und der Aufbau eines Informations-, Verkaufs- und Wartungsservice spielen im Wettbewerb und im Neuererwesen der 13 000 Mitarbeiter des Industriezweiges eine große Rolle.

Alle erforderlichen Maßnahmen wurden in sozialistischer Gemeinschaftsarbeit vom Zentrallaboratorium für Rundfunk und Fernsehempfangstechnik über die Produktions- und Kooperationsbetriebe bis zum VEB RFT Industrievertrieb Rundfunk und Fernsehen planmäßig realisiert. Von besonderer Bedeutung war die enge wissenschaftlich-technische Zusammenarbeit mit entsprechenden Institutionen des Ministeriums für Radioindustrie der Sowjetunion.

Sieben Automatiken im neuen Gerät

Der erste Farbfernsehempfänger der DDR, das Tischgerät „Color 20" des VEB Fernsehgerätewerke Staßfurt, ist volltransistorisiert und hat eine implosionsgeschützte 59-cm-Lochmaskenbildröhre. „Color 20" ist nach der CCIR-SECAM-Norm ausgelegt. Mit ihm werden im herkömmlichen VHF-Bereich die Kanäle 2 bis 12 (Band I und III) und die UHF-Schwarz-Weiß- sowie Farbfernsehsendungen in den Kanälen 21 bis 39 (Band IV) des Deutschen Fernsehfunks empfangen. Das Bedienteil enthält 12 Regler. Sieben davon bilden einen Schiebetastensatz. „Color 20" hat sieben Automatiken vom Zeilenfang bis zur Entmagnetisierungsschaltung. Anschlüsse für Zweitlautsprecher und Tonbandaufnahme sind vorhanden.

In diesem Zusammenhang dürfte es interessieren, daß die Serienproduktion des neuen Farbfernsehgerätes vorwiegend in den Händen der besten Jugendlichen des VEB Fernsehgerätewerke Staßfurt liegt.

Zur Leipziger Herbstmesse stellt der VEB Fernsehgerätewerke Staßfurt acht neue bzw. weiterentwickelte VHF-/UHF-Typen seiner „Ines"-Serie mit implosionsgeschütztem 47-cm-Bildschirm sowie sechs neue bzw. weiterentwickelte Modelle der „Stella"-Reihe, ebenfalls mit implosionsgeschütztem 59-cm-Bildschirm, vor, die dann schrittweise in den Handel kommen.

Grundsätzlich sind alle RFT-Fernsehgeräte für den UHF-Schwarz-Weiß-Empfang nachrüstbar (siehe untenstehende Antworten auf Fragen unserer Leser).

Geschultes Personal für Kundendienst

Leitbetrieb für die Nach- und Umrüstung der bisherigen Geräte und Antennen ist der VEB RFT Industrievertrieb Rundfunk und Fernsehen. Hier wurden die Service-Mitarbeiter der eigenen und der Vertragswerkstätten sowie die entsprechenden Einrichtungen der Handelsorgane systematisch auf die Nach- und Umrüstung und die Beratung der Kunden vorbereitet. Ähnliche Schulungen und Anleitungen wurden auch durch die Kammer der Technik und Organe des Handwerks durchgeführt.

Die Nach- und Umrüstung erfolgt zunächst in den Ausstrahlungsgebieten der Sender Dequede, Berlin, Schwerin und Dresden und wird dann gleichlaufend mit der Erweiterung der Sendebereiche fortgesetzt.

Leser stellten uns die Fragen

Neues Deutschland 16.08 1969

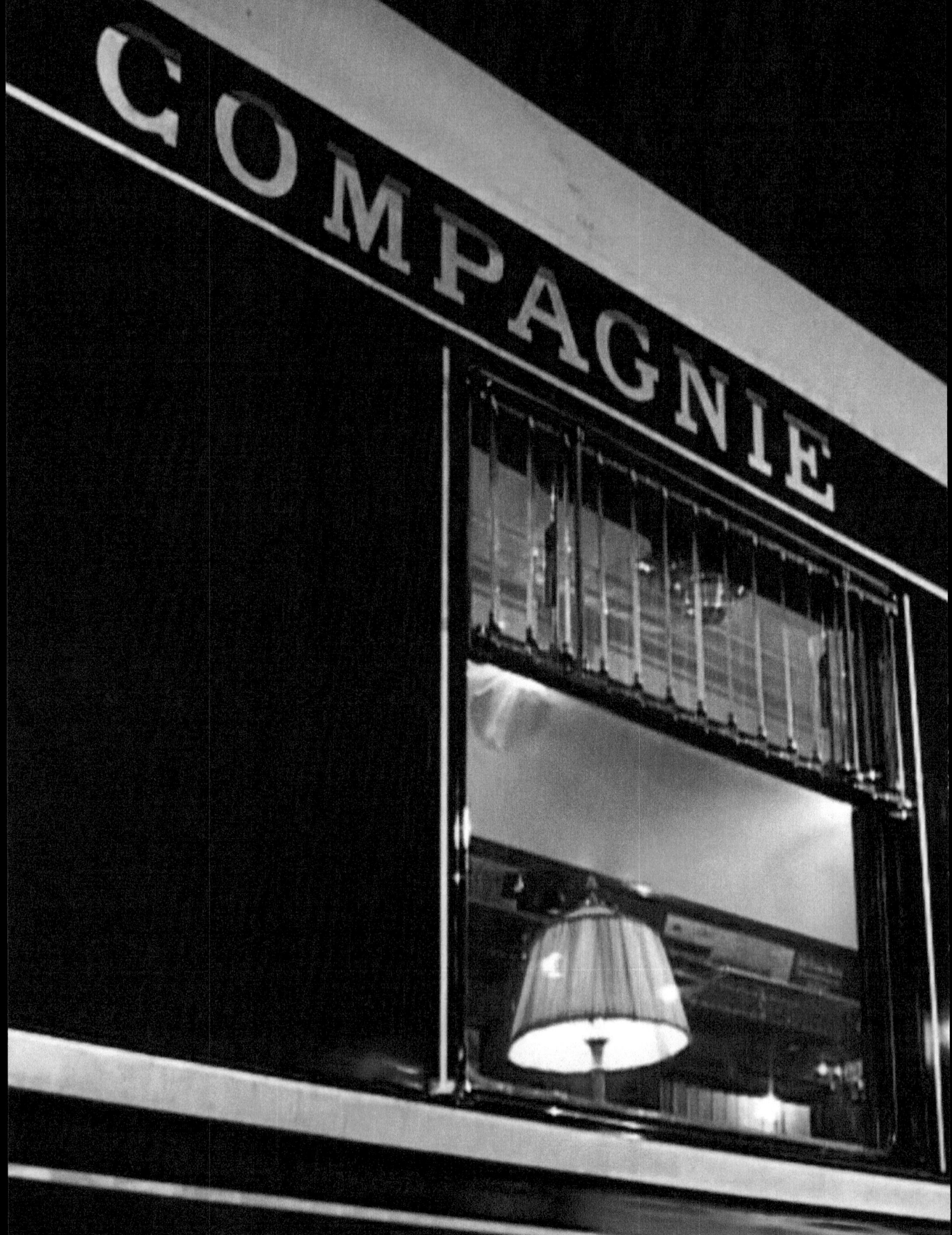
COMPAGNIE

III

Filmische Züge von und nach Paris

Letzte Chance für eine *Flucht aus der Hölle*

Flucht aus der Hölle (Auftragsproduktion der DEFA für das Fernsehen der DDR), gesendet 1960

Die dreiteilige Artikelserie im *SPIEGEL* über die Machenschaften der *Roten Hand*, *Der Tod kommt mit der Post*, habe den Szenaristen das Sujet wie auf einem silbernen Teller serviert, vermutete man im Westen. Dafür könnte sprechen, dass der vierteilige Fernsehfilm *Flucht aus der Hölle* mit einer Gesamtlänge von 5 Stunden, so *Wikipedia*, in nur 4 Monaten gedreht worden sei[21]. Da zuvor das Drehbuch verfasst und zur Kontrolle und Zensur den zuständigen Instanzen hat vorgelegt werden müssen, ist die kurze Drehzeit, einer wahreren Stachanow Bewegung à la DDR verdächtig, denn die letzte Folge der Artikelserie im *SPIEGEL* erschien erst in der Ausgabe 13/1960 am 22. März 1960[22].

Nur sechs Monate für die Redaktion des Szenariums und seine obligatorische Passage durch die verschiedenen Instanzen der Kontrolle und Zensur sowie die Dreharbeiten eines vierteiligen Fernsehfilms mit fast 5 Stunden Gesamtlänge scheint dann doch sehr fraglich, denn der die Artikel im *SPIEGEL* erschienen im März 1960, der erste Teil des Fernsehepos wurde hingegen bereits am 18. Oktober 1960 gesendet.

Armin Müller-Stahl in der Haut des Fremdenlegionärs Hans Röder erlebt die ganze brutale Repression der französischen Militärs gegenüber der algerischen Bevölkerung, ein übrigens griffiger Stoff für Jugendbücher und vor allem für Journalisten nicht nur in Hamburg. Dieses Thema war insofern brisant, als dass die Terrororganisation *La Main Rouge (Rote Hand)*, unterstützt durch die DGSE (*Direction Générale de la Sécurité Extérieure*), auch in der Bundesrepublik eine Blutspur hinterliess.

Ambivalent wie die ganze Politik der SED war auch der Umgang mit den ehemaligen Fremdenlegionären. Nach aussen hin wurde ihre Desertion in die DDR propagandistisch ausgeschlachtet, was jedoch das MfS nicht daran hinderte, diesen Neuerwerbungen eine strengen Überwachung angedeihen zu lassen, ja sie sogar zur Mitarbeit als informelle Mitarbeiter zu gewinnen.

In den letzten Minuten des vierten Teiles des Fernsehfilmes findet sich der Fremdenlegionär Röder im Militärzug der französischen Streitkräfte wieder, der zwischen Westberlin und Strasbourg verkehrt. Von zwei Soldaten bewacht, erwartet den der Fahnenflucht angeklagten Fremdenlegionär in Frankreich nichts Gutes. Er entschliesst sich zur Flucht. Ein Griff zur Notbremse und die proletarische Wachsamkeit der Arbeiter einer – welch Zufall! – an der Bahnstrecke – Berlin – Marienborn gelegenen Maschinenfabrik verhelfen ihm zur Freiheit. Dass sich die ihn verfolgenden und herumballernden französischen Soldaten von der Volkspolizei entwaffen lassen und hernach der Zugkommandant von einem Offizier der VP über die Souverenität der DDR belehrt wird, gehört in das Reich der wohlmeinenden Übertreibungen; eine Festnahme von Angehörigen der westlichen Besatzungsmächte oblag einzig und allein den sowjetischen Streitkräften.

Das Abteil und das Wageninnere ist wohl authentisch. Es ist schwer vorstellbar, das die DDR-Reichsbahn die Insignien der SNCF auf den Rollos vor den Abteilfenstern in den nach Kriegsende in der DDR verbliebenen französischen Reisezugwagen geduldet hätte. Vielmehr sind die Dreharbeiten für diese- kurze Sequenz in einem der französischen Kurswagen Paris - Berlin Stadtbahn denkbar, der sich in den Nachtstunden im Stilllager im Bww Rummelsburg befand uind erst am am nächsten Tag wieder nach Paris zurückkehrte.

Der Schnellzug aus Paris verliert einen Ermordeten

Schlafwagen Paris - München (Fernsehfilm des Deutschen Fernsehfunks), gesendet 1965

Am Sonntag den 24. Januar 1965 im abendlichen Hauptprogramm des Deutschen Fernsehfunks der DDR gerät die private Detektei Winter in einen Mordfall an Bord des Nachtzuges Paris – München n° 5, präzise gesagt, im Wagen n° S 98 der besagten Verbindung. Dieser Zug ist das, was von der großen Legende des *Orient-Express* Anfang der sechziger Jahre noch übrig geblieben ist. Im Film verdient das verständlicherweise keine Erwähnung, nur die sehr deutsche Ansage im gesichtslosen Bahnhof von Strasbourg nennt Wien als Zielbahnhof.

Ein Zug für Hanjo Hasse

oder die ungenannten Akteure

Die in den sechziger Jahren modernste elektrische Lokomotive der DDR-Reichsbahn war eine Eigenentwicklung des VEB Lokomotivbau Elektrotechnische Werke »Hans Beimler« in Hennigsdorf.

Dem Bahnpostwagen, in den sechziger Jahren in Schnellzügen in Ost wie in West durchaus noch anzutreffen, folgte der Schlafwagen 054-141 des Touristenexpresszuges *Tourex*, höchstwahrscheinlich in der originalen Farbgebung mit aufgemalten Insignien der DSG *(westdeutsche Speise- und Schlafwagengesellschft - siehe S. 82)*. Das war der rollende Tatort, indem Hanjo Hasse in der Rolle des Privatdetektivs Frank Winter ermittelte.

Mit dunklen Fenster folgte der einzige nach Kriegsende in der DDR verbliebene Schlafwagen windschnittiger Bauart[23]. Die DSG in der Bundesrepublik setzte eine Reihe von solchen Fahrzeugen der Serie von 1939 im Schlafwagenverkehr ein. Am Zugschluss wurde ein Wagen der ehemaligen französischen Nordbahn eingestellt.

Eine große französische Firma mit dunklen Absichten wünscht einen Personenschutz für einen ihrer wissenschaftlichen Mitarbeiter, der auf dem Weg zu einer Konferenz in München ist. Der Professor reist im Singleabteil n° 9 des besagten Schlafwagens und der französische Konzern hat deshalb für den deutschen Privatdetektiv ab Strasbourg ein Abteil reservieren lassen.

In diesem Augenbblick hat sich vielleicht so mancher DDR-Bürger gerfagt, wie es denn angehen könne, dass der Privatdetektiv Frank Winter (Hanjo Hasse) ganz lässig so über den Rhein fahre, ohne vorheriges Reisegenehmigungsantragsverfahren auf der Polizei, gepaart mit angstschweisstreibendem Warten auf auf die hoheitliche Genehmigung, und Trouble auf der Staatsbank um die jährlich ausgereichten 5 DM. Jene, die damals vor dem Bildschirm sassen, wussten, dass eine Reiseanlage für Bulgarien oder nur die ČSSR ein volkspolizeiliches Abenteuer mit manchmal ungewissem Ausgang war.

Das Schwarzweiß des Filmes und eine sehr geschickte Kameraführung, die das nächtliche Spiel von Lichtquellen und Dunkelheit sehr gut auszunutzen vermag, verschafft der Handlung des Fernsehfilms die notwendige Dynamik. Ganz offensichtlich bildete die Reichsbahn für die DEFA einen eigenen Zug, der den imaginären Bahnhof in Strasbourg verlässt und später in die Hauptbahnhöfe Stuttgart und München einfährt. Für die Dynamik erzeugenden kurzen Durchquerungen des Filmbildes freilich begnügten sich die Filmemacher freilich mit den nächtlichen Reizezügen, die ihnen auf freier Strecke vor die Linse kamen.

Zunächst strebt die für die DEFA zusammengestellte Zugkomposition des fiktiven Schnellzuges dem unsichtbaren Bahnhof in Strasbourg entgegen, am Zugende einer der charakteristischen Schnellzugwagen der ehemaligen französischen Nordbahngesellschaft mit seinen an der Oberseite gewölbten Fenstern, der nach Kriegsende bei der Reichsbahn im Osten gestrandet war. Einen Speisewagen, der am kommenden Morgen erwähnt wird, ist nicht zu entdecken.

Da die französische Strecke, seit 1962 zwischen Paris und Strasbourg elektrifiziert ist, liegt der französische Streckenteil zwischen der Gare de l'Est in Paris und Strasbourg wahrscheinlich im damals noch sehr kleinen elektrifizerten Streckennetz irgendwo im Raum Bitterfeld - Halle - Leipzig. So sind die kurzen Sequenzen des elektrischen Zugbetriebes bei Nacht und an einem diesigen Morgen ein wertvolles Zeitdokument aus den Tagen der sozialistischen Reichsbahn, vor allem weil ihnen die glatte und sterile Homogenität der uniformen Züge unserer Tag fehlt.

Nur am Rande sei vermerkt, dass sich die Professionalität der Leute von Fernsehfunk auch darin zeigt, wie sie bei den Bewegungen des Zuges Richtungsfehler vermeiden, ganz anders heute bei vielen modernen Produktionen…

Der Hauptbahnhof in Stuttgart ist jener in Leipzig, sehr eindrucksvoll im Spiel der nächtlichen Beleuchtung in Szene gesetzt. Die elektrische Lokomotive E 11 013 der Deutschen Reichsbahn läuft am Bahnsteig 5 ein, die Zahl an der Hallenschürze ist gut zu erkennen und trotzdem behauptet der Ansager, der Zug sei am Bahnsteig 3 eingefahren. Falsche Versicherungen solcher Art hat der Verfasser auch in modernen Zeiten auf dem Bahnhof Lille Europe erlebt und so seinen Hochgeschwindigkeits-Nahverkehrszug nach Dunkerque verpasst…

Natürlich hat die E 11 013, 1964 in den ehemaligen AEG-Werken in Hennigsdorf bei Berlin mit der Fabriknummer 9904 gebaut, niemals ihren Dienst bei der Deutschen Bundesbahn zwischen Strasbourg und Stuttgart versehen, das wäre schon auf Grund der unterschiedlichen Stromsysteme in Frankreich und Deutschland nicht möglich gewesen.

Hingegen hatte der moderne MITROPA-Schlafwagen, direkt hinter der Lokomotive und dem alten Bahnhpostwagen eingereiht, in seinem späteren Leben gute Chancen gehabt bis nach Wien zu gelangen. Zum Zeitpunkt der Dreharbeiten gehörte das Fahrzeug mit der Betriebsnummer 054-141 aus dem *VEB Waggonbau Görlitz* jedoch noch in den Zugverband des *TOUREX,* des Ferienzuges der DDR, ein bescheidenes Konkurrenzprodukt zu den *TOUROPA*-Zügen im Westen, die selbst Menschen mit geringeren Einkommen bezahlbare Reisen nach Österreich, Italien, Jugoslavien oder Spanien ermöglichten.

Der Wagenpark des TOUREX, der nur bis Varna am Schwarzen Meer rollen durfte, war in den sechziger Jahren in hellblauer Farbe mit gelben Zierstreifen geliefert worden, was der Schwarzweissfilm ebenso mildtätig verbirgt wie die Übermalung der Anschrift *Touristenexpress*. In bewundernswerter Weise hatten die Leute von der DEFA nicht nur das Logo der Deutschen Speise- und Schlafwagengesellschaft, die sogenannte *Gefriergan*s nicht nur auf diese Wagenwand

Cie INTERNATION
DES
WAGONS - LITS
ET DES GRANDS
EXPRESS EUROPEENS

praktiziert, sondern hatten auch den folgenden Schlafwagen, es könnte der 1941 gebaute Wagen mit der Betriebsnumme 054-103 gewesen sein, entsprechend dekoriert.

Fast ein Werbefilm für die Eisenbahn im Westen

Also alles fast wie im Westen, nur die neben dem Einstieg aufgemalte Wagennummer *S 98 war* realitätsfern. Da die Schlafwagen frei verfügbar sein mussten und oft in mehreren Zugläufen mit unterschiedlichen Wagennummern verkehrten, verwendeten die Bahnverwaltungen aufzusteckende Blechschilder oder in die Wagenwand integrierte Leuchtfelder.

Im fahlen Morgenlicht, aufgenommen aus der Führerstandsperspektive, wird der Streckenabschnitt nördlich des Leipziger Hauptbahnhofes, da wo die Strecken aus Bitterfeld, Halle und Eilenburg gemeinsam verlaufen, filmisch erschlossen. Sogar eine Parallelfahrt mit der E 11 011 gibt es, und die teilweise noch vorhandenen alten Lichtvorsignale könnten ebenso gut im Vorfeld des Münchener Hauptbahnhofs stehen. Dass die Eisenbahn im verschmähten Westen sehr modern sei, mag der Zuschauer damals gedacht haben.

Die Frage, ob Regisseurs Hans-Joachim Hildebrandt es explizit so gewollt hat, bleibt freilich offen. Jedoch sind die vielen elektrischen Lokomotiven[36] im Film eine indirekte Werbung für die Deutsche Bundesbahn im Westen, bewältigte die elektrische Traktion in DDR auf nur rund 600 km des Streckennetzes

Logos, die einst gute Speisen und tiefen Schlaf auf rollenden Rädern versprachen:
(links oben) »Gefriergans« der MITROPA vor 1945 und der DSG - Deutsche Speise- und Schlafwagengesellschaft in der alten Bundesrepublik
(rechts oben) MITROPA in der DDR
(unten) Wappen der Internationalen Schlafwagengesellschaft (C.I.W.L.)

nur rund 9 % ihres Transportaufkommens. Auch außerordentlich höfliche und zuvorkommende Schlafwagenschaffner in tadelloser Uniform (Fred Mahr) kamen eher jenseits der Mauer vor als in der DDR, wo das Weiß der Hemden und die helle Damenmode nach mehreren Stunden Eisenbahnfahrt oft dem gelbraunen Qualm und dem Funkenflug der Dampfloks zum Opfer fielen.

Bliebe noch anzumerken, dass das DDR-Fernsehen und Hanjo Hasse nicht ganz vom D 5 *Orient Express* loskamen. Im Dreiteiler *Das letzte Wort* geht es mit Wagen der Reichsbahn als nach *Orient Express* Wien…

Im Bett der MITROPA bis nach Hendaye

Über ganz Spanien wolkenloser Himmel (Auftragsproduktion der DEFA für das Fernsehen der DDR), gesendet 1971)

Der Mord geschieht 1936 auf dem Schlesischen Bahnhof, dem heutigen Ostbahnhof. Ein Diplomat seiner Majestät der Königin von England wird unter den FD = Fernschnellzug aus Paris gestoßen, eine höchst unerfreuliche Angelegenheit im für die Olympiade befriedeten Nazi-Deutschland. Und was der Geheimen Staatspolizei überhaupt nicht gefällt – es gibt einen unerwünschten Zeugen mit einem ausgeprägten Beobachtungsvermögen. Dieser heißt Dr. Wolfgang Hartlieb (Heinz Behrens), ist ein zunächst vollkommen unpolitischer Ökonom und steht genau da, wo der Brite vor wunderschöne 01 212 mit ihren großen Windleitblechen gestoßen wird.

Dr. Hartlieb wartet auf seinen Onkel Richard, einem Kommunisten, der erst vor kurzem von den Nazis aus dem KZ entlassen wurde. So beginnt am Sonntag den 30. Mai 1971 um 20 Uhr auf dem ersten Programm die erste Episode des Dreiteilers *Über ganz Spanien wolkenloser Himmel*, gedreht von der DEFA im Auftrage des Deutschen Fernsehfunks der DDR. Das Buch für diesen Fernsehfilm schrieb wiederum das Duo Otto Bonhoff und Herbert Schauer.

Diese Szene auf dem Schlesischen Bahnhof ist stimmig – viele Uniformen, zeitgenössische Reklame und Werbung für die olympischen Spiele und ein Zug der in diese Jahre passt. Ganz im Stil des Eisenbahnfilms jener Jahre fängt die

Kamera vom Gleisbett das mit unaufhaltsamer Energie vorbeiziehende Triebwerk der Dampflokomotive mit ihren 2 Meter hohen Treibrädern[24] ein.

Gedreht wurde jedoch auf dem Bahnhof Dresden-Neustadt mit seiner in die Jahre gekommenen Bahnhofshalle. Doch einen Bahnsteig 8 gibt es nur auf diesem nicht aber auf dem Schlesischen Bahnhof. Wie zur Bekräftigung schwenkt die Kamera zur Metalltafel mit der Bahnsteignummer und dann bekräftigt die Bahnhofsansage auch noch die Bahnsteignummer.

Der Zug schiebt sich zwischen Hallenwand und dem Bahnsteig und die Berliner werden damals vielleicht festgestellt haben, dass der Bahnsteig A des Ostbahnhofes direkt an die Hallenwand beziehungsweise das Empfangsgebäude stößt. Das Gleis am Bahnsteig 6/7 in Dresden-Neustadt hätte die sächsische Verwandlung des preußischen Bahnhofs besser kaschiert. Aber die Deutsche Reichsbahn der DDR befand sich unter einem permanenten betrieblichen Druck und so verdient die Bereitstellung eines Zuges nebst der Reservierung eines Bahnsteiges die Achtung der kritischen Betrachter. Die schwere Schnellzuglokomotive 01 212 hätte den Zug Paris – Warschau erst 1937 in den Schlesischen Bahnhof ziehen können, denn in diesem Jahr wurde die Maschine mit der Fabriknummer 1616 von *Krupp* in Essen an die Reichsbahn geliefert.

Eine längere Betriebspause für die Dreharbeiten der DEFA wäre auf dem Ostbahnhof undenkbar gewesen, schon aus Sicherheitsgründen. Demps nennt in seinem Werk »Der Schlesische Bahnhof in Berlin. Ein Kapitel preußischer Eisenbahngeschichte« von 1991 Zahlen für das Jahr 1974[25]: Täglich kamen dort 69 Reisezüge an und 63 Reisezüge fuhren von dort ab. Dazu gehörten die scharf überwachten Transitzüge zwischen Polen sowie der UdSSR im Osten und den westeuropäischen Länder hinter der Mauer. Daneben fielen auch die vielen Leerzügen zwischen dem Bahnhof Friedrichstrasse und dem Stilllager in Rummelsburg ins Gewicht. Kam diese Wagenreihe vom Abstellbahnhof in Rummelsburg, war sie angefüllt mit krankhaft gesund aussehenden Transportpolizisten, die zu verhindern hatten, dass etwaige Fluchtkandidaten die noch leeren Transitzüge zwischen Westberlin und dem Bundesgebiet enterten, bevor der in eine Hochsicherheitszone verwandelte Bahnhof Friedrichstrasse erreicht war. Dort hätten sie sich nämlich unerlaubt mit dem Westpublikum hätten vermischen können.

Die Transportpolizisten, denen ja auch nur bedingt zu trauen war, stiegen auf dem Ostbahnhof aus und verriegelten die Türen. Schwer vorstellbar also, dass in diesem streng reglementierten Umfeld die unzähligen, wenig vertrauenswürdige und meist der politischer Abweichungen verdächtigte Filmleute hätten herumwuseln dürfen. Auf den Bahnsteigen D und E für die S-Bahn konnte die DEFA auch nicht zum Zuge kommen, denn 1974, so Demps, formten hier 894 S-Bahnzüge pro Tag[26] ein nicht endend wollendes Defilee.

Auf dem Weg vom *Schlesischen Bahnhof* mit seinem in der DDR untragbaren *revanchistischen* Namen, Schlesien war ja durch das Potsdamer Abkommen abhandengekommen, bis zum Hauptbahnhof in der Hauptstadt der DDR firmierte die Station als *Ostbahnhof.*

Allerdings unterliefen den für ihre hohe Detailtreue berühmten DEFA-Filmemachern in Babelsberg noch andere Irrtümer. So reizvoll wie der lange Laufweg des Schnellzuges ist: Paris (Gare du Nord) – Berlin – Warschau, der Abgesandte (Gerry Wolf) des Putschistengenerals Franco, entsteigt einem Schlafwagen der MITROPA, den es in den Jahren der Nazis wie auch später zu Zeiten der DDR so nicht zwischen Paris und Berlin nicht gab[27]. Lediglich in den Jahren der deutschen Besetzung Westeuropas fuhren Schlafwagen der MITROPA bis Paris und sogar bis Hendaye an der spanischen Grenze.[28]

Im Jahre 1936 waren komfortable Nächte zwischen Paris sowie Bruxelles und Berlin also nur in Schlafwagen der Internationalen Schlafwagen-Gesellschaft C.I.W.L. erlaubt. Aus diesem Grund war der L(uxuszug) L 11/12 *Nord Express* der einzige, der dem gut betuchten Reisenden erlaubte sich im Traum nach Berlin und Warschau zu begeben. Onkel Richard hätte den Sonderzuschlag zur Benutzung des nur aus Schlafwagen bestehenden Zuges schwerlich bezahlen wollen und wahrscheinlich auch nicht können. Deshalb blieb, auch aus dem Blickwinkel der tageszeitlichen Lichtverhältnisse, nur der aus Paris kommende D 23 übrig, der jedoch führte keine Schlafwagen.

Um den unbequemen Augenzeugen Wolfgang Hartlieb aus dem Lande und damit aus den Augen der britischen Botschaft mit dem von ihr beauftragten Scotland Yard zu schaffen – waren doch Flottenvertrag (1936) und die Besetzung des demilitarisierten Rheinlandes (März 1936) dank des Stillhaltens der Briten relativ geschmeidig über die diplomatische Bühne gegangen – wird Hartlieb auf eine Dienstreise nach Spanien geschickt. Das geschieht ganz standesgemäß in einem Single-Abteil eines Schlafwagens der – MITROPA. Das Personal, mit Hoheitsadler an der Mütze und auf Brust, serviert kurz vor Paris das Frühstück und durchwühlt während einer momentaner Abwesenheit Hartliebs mit gleicher Sorgfalt seine Habseligkeiten, wobei die zeitliche Abfolge dieser zwei sichtbaren Aktionen des MITROPA-Personals und der jeweilige Zustand des Abteils selbst einem Hercule Poirot einige Kopfschmerzen bereitet hätten.

Die DDR erbte das feindliche Miteinander der beiden Schlafwagengesellschaften (die MITROPA blieb bis zum Abgang der DDR eine Aktiengesellschaft – *sic*!). Unter Hammer, Sichel, Ährenkranz verschärfte sich diese herzliche Rivalität zwischen C.I.W.L. und MITROPA; erstere mochte ohnehin nicht vergessen, dass große Teile ihres Betriebsvermögens innerhalb eines Jahrhunderts gleich zweimal im Namen des Deutschen Reiches der MITROPA-Konkurrenz zugeeignet worden waren, und dass die DDR nach 1945 keinen einzigen auf ihrem Territorium verbliebenen Speise- oder Schlafwagen herauszurücken gewillt war.

Kaum verwunderlich war es daher, dass die nach westeuropäischer Anerkennung trachtende DDR unter der Haltung der C.I.W.L. litt, die ihr prestigeträchtige Speise- und Schlafwagenkurse jenseits der Bundesrepublik, jenseits von Österreich, Dänemark, Schweden und den Niederlanden versagte. Vielleicht wollte daher niemand der Internationalen Schlafwagen-Gesellschaft einen Platz auf dem sozialistischen Bildschirm einräumen. Es ist aber ebenso möglich, dass Unkenntnis und ein fehlende Zugang zu den Kursbüchern der dreißiger Jahre den sonst hochprofessionell agierenden Leuten von der DEFA ein Bein stellten.

Riviera Express und Anhalter Bahnhof

KLK an PTX – Die Rote Kapelle (70 mm-Spielfilm der DEFA), Uraufführung 1971

Ein nahezu europaweit agierendes Netz geheimer Funkstationen versorgte die sowjetische Auslandsspionage mit wertvollen Informationen über die deutsche Kriegsmaschine, ihre Verbände, Ausrüstungen, strategischen und taktischen Planungen und andere Interna des Nazireiches. Sehr bald war die Funkabwehr im ostpreußischen Cranz auf diese zunächst nicht zu entschlüsselnden Sendungen aufmerksam geworden. In Anbetracht der neu hinzutretenden Sender bezeichneten die Leute der Abwehr das Netzwerk als Rote Kapelle.

Soweit die von den Sowjets und Partei und MfS in der DDR sorgsam geschmiedete Legende. Indes war das Netz ein Patchwork unterschiedlicher Gruppen, die nicht alle von kommunistischen Idealen inspiriert und von der sowjetischen Auslandsaufklärung direkt kontrolliert wurden. Wenn diese Helden des Widerstandes dann doch in die Hände der Abwehr und der Gestapo fielen, so war das nicht immer die Frucht der frenetischen Suche und Bekämpfung der Roten Kapelle. Leider erwiesen sich die sowjetischen Genossen in Moskau bei ihren per Funk übermittelten Nachrichten als ausgesprochene Nachtmützen, was die Abwehr und die Gestapo ungemein erfreute, wurden ihnen doch Namen und Anschriften der Mitglieder der Gruppe Harro Schulze-Boysen/Harnack per Funkspruch im August 1941 mehr oder weniger frei Haus geliefert[29].

Bis Ende der sechziger Jahre kamen jedenfalls weder der Chef des Netzes in der Schweiz, der renommierte ungarische Kartograph (Alexander) Sandor Rado, noch andere Überlebende in der DDR zu Worte, dieses Kapitel des multinationalen Widerstandskampfs blieb Geheimsache. Die UdSSR Stalins dankte es den Mitgliedern der Roten Kapelle wenig oder gar nicht – die Kommunisten Leopold Trepper (*Grand Chef* in Paris) und Sandor Rado wurden von ihren sowjetischen Genossen für zehn beziehungsweise neun Jahre weggesperrt. Und das Ehepaar Küchenmeister, so Ralf Schenk von der DEFA-Stiftung, habe sich hinsichtlich ihrer Quellen für das Drehbuch ebenfalls ausgeschwiegen:

> *»Das Archivmaterial sei erst seit drei Jahren zugänglich und habe bis zu diesem Zeitpunkt den Charakter einer Geheimen Verschlusssache getragen. Wo genau sie es fanden, sagen die Küchenmeisters nicht. «*[30]

Für über 6 Millionen Mark der DDR[29] setzten Claus und Wera Küchenmeister 1971 mit ihrem Werk *KLK an PTX - die Rote Kapelle*[30] ein für DDR-Verhältnisse beeindruckendes und in weiten Teilen korrektes Filmdenkmal, in welchem ganz selbstverständlich der Widerstand gegen das Naziregime grundsätzlich kommunistisch zu sein hatte. Weil nun der Luftwaffenoffizier Harro Schulze-Boysen (Klaus Piontek) im Film schlecht als Kommunist hätte verkauft werden können, bedurfte es einer stärkeren szenaristischen Gewichtung des KPD-Mitgliedes John Sieg (Günther Simon). Auch andere Mitglieder dieser Gruppe waren weder von der sowjetischen Abwehr ausgewählte und ausgebildete Agenten noch Mitglieder der kommunistischen Partei.

Auch dass die Ehefrau des Bildhauers Kurt Schumacher (Eberhard Esche), Elisabeth (Marylu Poolman), Halbjüdin war, wurde nicht gewürdigt – die DDR-Oberen betrachteten nicht nur Fremdenlegionäre sondern auch ihre jüdischen Mitbürger mit Misstrauen.

Über sechs Millionen Mark der DDR kostet die DEFA der 70 mm-Film *KLK an PTX – die Rote Kapelle* und die Stasi war eine Kontrollinstanz, und das nicht nur durch eine direkte institutionelle Kontrolle. Das Ehepaar Claus und Wera Küchenmeister, die das Drehbuch verfassten, dienten dem MfS bis 1979 in der Rolle von IM…

Ankunft in einem nicht mehr existierenden Bahnhof

Bereits nach zehn Minuten Filmhandlung fährt der *Riviera Express* L 19 aus Cannes in die Halle des Anhalter Bahnhofes in Berlin. Anfang der siebziger Jahre erinnerte nur ein Fragment dieses legendären Kopfbahnhofes an die Züge, die hier ankamen und wieder abfuhren. Damit hatte sich das Thema etwaiger Dreharbeiten in Westberlin gedanklich vollkommen erledigt, denn der Askanische Platz lag ja nun im Westen.

Die Mittelhalle des Dresdener Hauptbahnhofs wurde nun von den Filmemachern zum Anhalter Bahnhof erklärt und, soweit es möglich war, endete der Kamerablick auf den einfahrenden *Riviera Express* unterhalb der Hallenschürze. Auf dem Nachbargleis stand ein aus Altbauwagen der zwanziger und dreißiger Jahre gebildeter Zug mit einer elektrischen Lokomotive, die es nun im Anhalter der dreißiger Jahre ganz sicher nicht gegeben hat.

Ein kurzer Gegenschuss in Richtung der Zugspitze zeigt übrigens, für einige Sekunden nur, das typische Hallendach und die östliche Hallenfron, die mit dem

Empfangsgebäude abschließt. Diese und auch die im Krieg angelegte Sequenz auf dem Anhalter Bahnhof sind nicht im Dresdener Neustädter Bahnhof gedreht worden, wie man auf Grund der Ausführungen von Ralf Schenk annehmen könnte[33]. Die metallene Hallenschürze ist übrigens ein anderes Detail in einem sehr geschäftigen «Anhalter» Bahnhof, welches letztendlich von wunderbaren und sehr authentisch wirkenden Bahnsteigszenen überspielt wird.

Hinter einem Zeitungswagen mit sicherlich in der Druckerei der DEFA nachgedruckten Umschlagseiten zeitgenössischer Journale läuft Adam Kuckhoff (Horst Schulze) dem einlaufenden Zug entgegen und wird von der nur ausschnittsweise wahrzunehmenden Schnellzuglokomotive 01 066 passiert, der sogleich ein grüner Sitzwagen und darauf ein blauer Schlafwagen der C.I.W.L. folgen.

Obwohl nach Kriegsende in der sowjetischen Besatzungszone eine Reihe von Schlafwagen der Internationalen Schlafwagen-Gesellschaft verblieben waren, wurden diese nicht an den rechtmäßigen Eigentümer in Paris zurückgegeben, zu unverzichtbar waren sie für Nachkriegs-MITROPA. Beispielsweise wurden drei der extra für die 1936 eröffnete Nacht-Fährverbindung *Night Ferry* zwischen London und Paris gebauten Schlafwagen der C.I.WL.(z. B. n° F 3793) in Speisewagen umgebaut – die Abteilaufteilung entsprach nicht dem Schema der übrigen Schlafwagen der MITROPA. Diese Wagen, denen man immer noch ihre luxuriöse Herkunft ansah, waren allerdings unverzichtbar in einem Wagenpark, der kaum den täglichen betrieblichen Anforderungen gerecht wurde.

Wie der Anhalter Bahnhof in Berlin war (und ist noch immer) der Dresdener Hauptbahnhof eine Kathedrale der Eisenbahnzeit. In der hohen Mittelhalle mit ihren Kopfbahnsteigen dreht die DEFA. Die Frontschürze wie auch schmalen Fenster des Hallendaches sind im Gegenschuss der Kamera für Bruchteile von Sekunden gut zu erkennen (Ausschnitt aus einer Postkarte von 1913)

Ein Ganzstahlsitzwagen von 1937 wurde offensichtlich blau angestrichen, erhielt die gelben Zierleisten und etwas zu groß geratene Anschriften *Wagon-lits* und *Sleeping-Car* auf den Seitenwänden. Selbst die Schrift *Compagnie internationale des wagons-lits et des grands express européens* unterhalb der Dachkante geriet nicht in Vergessenheit.

Diese bewundernswerte Detailversessenheit erleidet jedoch einen Rückschlag, als der dritte Wagen in das Blickfeld der Kamera fährt. Es handelt sich um einen nach dem Krieg aufgefunden Wagen der ehemaligen französischen-*Compagnie du Nord*, der Nordbahngesellschaft, die 1938 in der neu gegründeten französischen Staatsbahn aufging, einen ehemaligen Wagen der 3. Klasse der Gattung C^{11}, der sich durch seinen röhrenförmigen Wagenkasten und die am oberen Rand geschwungenen Fenster von den deutschen Wagentypen abhob.

In diesem Fahrzeug, das mit seinen vielen Seitentüren und dem Mittelgang für Eilzüge und nicht aber für Schnellzüge konstruiert worden war, erreicht die künftige Greta Kuckhoff den Anhalter Bahnhof. So sehr der Name des *Riviera Express* aus Cannes auch Weltoffenheit und französisches Flair vermitteln mochte, der *Riviera Express* war einer der von der internationalen Schlafwagen-Gesellschaft betriebenen Luxuszüge und ausschließlich aus blauen Schlafwagen der C.I.W.L. gebildet.

Sie waren die Stars der vieler Filme Prodktionen der DEFA, die mächtigen Schnellzugdampflokomotiven der aus den dreissiger Jahren mit ihren grossen Windleitblechen und den zwei Meter hohen Treibrädern. Auch Ganzstahlwagen der Bauserie von 1937 rollten noch über die Gleise der DDR. Vielleicht war es gerade dieser aus Bakelit gefertigte von PIKO Ende der fünfziger Jahre gefertigte Modellbahnwagen im Look der C.I.W.L., der die Leute von der DEFA auf den Dreh mit dem blauen Schlafwagen im Film KLK an PTX - die Rote Kapelle brachte

01 137
SLEEPING-CAR
VOITURE-LITS

Folgen wir dem tatsächlichen Leben Greta Kuckhoffs, können wir die Bahnhofsszene auch zeitlich einordnen. Wir schreiben das Jahr 1933 und sie kommt aus Frankfurt/M., wo ihr Weg zur Promotion an der Universität durch den Weggang ihres Professors ein jähes Ende gefunden hat. Wie sehr die DEFA-Leute auf Details achteten, zeigt sich auch an der Uniform von Reichswehroffizieren, an der das Nazi-Hoheitszeichnen fehlt[35]. Warum Greta Kuckhoff nun ausgerechnet mit dem aus Schlafwagen bestehenden Luxuszug *Riviera Express* vom Main an die Spree kommt, wird wohl auf ewig das Geheimnis der Familie Küchenmeister bleiben.

Alte Zielanzeiger und Kriegsatmosphäre

Noch einmal erreicht ein Zug aus Frankreich den Anhalter Bahnhof, mitten im Krieg. Diesmal nimmt die Kamera die Position eines scheinbar unbeteiligten Beobachters ein, der von oben über die Dächer der kleinen Kioske der Bahnsteigsperre hinweg auf den Bahnsteig 11 (Ansage) des Dresdener Hauptbahnhofs schaut. Lange Kerle der Feldgendarmerie gehen dem einfahrenden Zug entgegen, gefolgt von Krankenschwestern in ihrer für Deutschland typischen Tracht.

Vorbei die Zeit der Expresszüge mit rassigen Schnellzuglokomotiven, an der Spitze des grünen, kaum gepflegten Konvois rollt eine für Güterzüge hinter der Ostfront gedachte Kriegsbauart der Baureihe 52. Dass am realen Bahnsteig 9 des Dresdener Hauptbahnhofs ein Zug mit den im RAW Halberstadt gefertigten vierachsigen Rekowagen der Gattung Bghwe und am Nachbarbahnsteig, nur schemenhaft wahrzunehmen, ein Doppelstockzug aus der Nachkriegsproduktion stehen, fällt nur dem aufmerksamen Betrachter auf.

Während die Kamera auf das Bahnsteigniveau zurückkehrt, fängt sie die hinter der Bahnsteigsperre Wartenden ein, und auch hier zeigt sich in der Kostümierung der Statisten ein Gespür für das Detail: Ein Mädchen in der Uniform des *BdM*, die Zöpfe sorgfältig geflochten, mit dem ernsten Gesicht einer zu früh gealterten Kriegsgeneration, hat ihren Blick auf den Bahnsteig gerichtet.

Dort verlässt der Abgesandte des *Chefs*, Señor Douglas (Leon Niemczyk), einem Vorkriegsreisezugwagen 1. Klasse. Der Chef des Netzes der Roten Ka-

pelle in Frankreich, eigentlich Leopold Trepper, wird im Film zu keinem Zeitpunkt namentlich erwähnt, obwohl doch der Regisseur Horst E. Brandt ein längeres Gespräch mit Leopold Trepper, nunmehr unter dem Namen Leiba Domb lebend, geführt habe, wie Ralf Schenk feststellt[36]. Ein Gespräch bei dem auch das Versagen der sowjetischen Abwehr zur Sprache kam, also das Thema, welches das MfS in jedem Falle unter Verschluss halten wollte.

Es darf angenommen werden, dass der gut gekleidete Abgesandte niemand anders sein soll als *Kent,* im sozialistischen Alltag Anatoli Markowitsch Gurewitsch, im Gegensatz zu den führenden Mitgliedern der Gruppe Schulze-Boysen/Harnack ein von der GRU angeworbener und in der Sowjetunion ausgebildeter Agent. Einer seiner Tarnnamen lautete *Vincente Sierra*, eine gute Wahl, da *Señor Sierra* in den Internationalen Brigaden Spanisch erlernt hatte. Sein Kontakt mit der Berliner Gruppe war von den sowjetischen Genossen, wie bereits oben angedeutet, im August verlangt worden. Dieser Aufforderung kam *Kent* im Oktober 1941 nach. Zu diesem Zeitpunkt hatte noch kein Exemplar der im Szenenbild sichtbaren Dampflokbaureihe 52 die Werkhallen verlassen…

In der DDR war *Kent* an der Seite von Trepper lange Zeit eine Art Unperson, denn der *Direktor* der sowjetischen Auslandsspionage in Moskau verzieh weder ihm noch Trepper nicht, dass diese nach ihrer Verhaftung durch die Deutschen Besatzer eine Zusammenarbeit mit diesen vorgetäuscht und einige unwichtige Mitglieder an die Gestapo ausgeliefert hat. Während Trepper acht Jahre in der berüchtigten Lubjanka verwahrt wurde und erst nach 1954 wieder in seine polnische Heimat zurückkehren durfte, wo er bis zu seiner Ausreise nach Israel im Jahre 1972 in einer Form von Landesarrest gehalten wurde, erging es *Kent*, dem *Petit Chef*, weniger gut. Fünfzehn Jahre Lubjanka und *Goulag* waren sein Lohn.

Der ominöse Bahnsteig 11

Doch zurück in den falschen Anhalter Bahnhof in Dresden. Um den Bezug zum Chef herzustellen, kündigt die Bahnhofsansage am Bahnsteig 11 die Ankunft des … *Fronturlauberzug(es) FU 2936 aus Paris Gare du Nord über St Denis, Lüttich, Aachen, Hannover, Magdeburg, Berlin* an. Doch diesen Zug hat

es so nicht gegeben und auch in einem Reich, welches sich seiner französischen Beute sicher war, wurde der Name des Abgangsbahnhofes *Gare du Nord* sicherlich nur in seiner germanisierte Form *Nordbahnhof* oder *Paris-Nord* verwendet, letzteres stand jedenfalls so auch im Wehrmachtsfahrplan.

Leider hat es auf dem Anhalter keinen Bahnsteig 11 gegeben, die Fernzüge fuhren auf den Gleisen 1, 2, 4, 6, 8, 9 ab oder kamen dort an. Wenn es schon nicht mit der Bahnsteignummerierung klappte, so erwiesen sich die alten mechanischen Zielanzeiger des Dresdener Hauptbahnhofes, die entlang des Querbahnsteiges jeweils auf Höhe der Prellböcke der Bahnsteiggleise aufgestellt waren, als wahres Geschenk für die Leute von der DEFA. Sie hatten den Feuersturm des Bombardements überstanden und gaben der Szene das notwendige Zeitkolorit. Puristen könnten nun einwenden, dass diese Bauart auf dem Anhalter Bahnhof nicht zu finden war, was auf Grund der wenigen Veröffentlichungen in der DDR zum Thema Westberliner Bahnanlagen nicht so einfach nachzuprüfen gewesen wäre…

Aber auch ein Fronturlauberzug durchfuhr in diesen Jahren im nationalsozialistischen Deutschland kein administratives Nichts. Grundsätzlich begannen und beendeten Reisezüge aus Richtung Hannover auf der Stadtbahn zwischen Zoologischer Garten und Schlesischem Bahnhof (Ostbahnhof) oder im Potsdamer Bahnhof, ein Ort in Berlin, von dem mittlerweile nur noch Fotos, Filme und Pläne existieren. Der Anhalter Bahnhof hingegen blieb nur den Zügen aus dem Süden Berlins, also den aus Frankreich über Frankfurt/M und Erfurt verkehrenden Verbindungen vorbehalten. An dieser durch die verhandene Infrastruktur bedingte Arbeitsteilung zwischen den Berliner Bahnhöfen änderte auch der Krieg zunächst nichts.

Zugnummer und der Laufweg haben daher nichts mit der Realität zu tun. Fronturlauberzüge wurden von der selbst im Krieg ungebrochenen Bürokratie der Wehrmacht und der Deutschen Reichsbahn als *SF= **S**chnellzug für **F**ronturlauber* geführt. Der einzige in dieser Konstellation infrage kommende Zug war der SF 4, welcher allerdings nicht in St Denis und Liège (Lüttich) hielt und auf dem Schlesischen Bahnhof (Ostbahnhof) endete[37]. In einem solchen Zug dürfte hingegen der mit einem charmanten französischen Akzent sprechende Abgesandte des Chefs, ein ausländischer Zivilist und kein deutscher Militär, nur schwerlich einen Platz bekommen haben.[38]

Und doch, der Verfasser, dessen Klasse an der Erweiterten Oberschule in Gotha der kollektive Kinobesuch als Geschichtslektion verordnet worden war, konnte sich an diesen Details nicht stoßen. In der DDR wurde die Rolle der Deutschen Reichsbahn auf die Funktion eines Machtinstruments der faschistischen Diktatur und folglich auf ihre gerechte Bestrafung im Bombenkrieg reduziert. Kursbuchauszüge oder andere Fahrplanunterlagen unterlagen dieser Jahre wie auch die gesamte diesbezügliche Sekundärliteratur restriktiven Zugriffsbedingungen. Die großen technischen Leistungen der Vorkriegsreichsbahn hatten die Landeskinder selbst dann, wenn sie für den Krieg unbrauchbar waren, als eindeutige Elemente der Kriegsvorbereitung und nationalsozialistischen Propaganda wahrzunehmen. Der Vergleich der langsamen und wenig Komfort bietenden Züge der sozialistischen Eisenbahn in der DDR mit den Fahrzeiten vor dem Krieg war eben unheimlich staatsgefährdend…

Dass schon die Erwähnung des *Chefs* ein bemerkenswerter Versuch der Drehbuchautoren Wera und Claus Küchenmeister war, die Anfang der siebziger Jahre noch unbekannten und wenig geliebten Akteure der Roten Kapelle zu würdigen, begriff der Autor jedoch erst später. Und des sollte fast noch einmal zehn Jahre dauern, bis ein sowjetischer Autor und der Stasi-Publizist Mader die Geschichte der *Roten Kapelle* auf in einer für die reifere kommunistische Jugend bearbeiten Form zu Papier brachten. In diesem Werk war dann auch ganz schnell Schluss mit lustig – macht Trepper, den *Chef*, zu einem Renegaten[39] und das war so eines der übelsten Schimpfwörter aus den guten alten Zeiten des Stalinismus.

ALLEMANDE
VORLÄUFIGER REISEAUSWEIS
AN STELLE EINES PASSES
FÜR DEUTSCHE STAATSANGEHÖRIGE
B.0049394
REISEPASS

IV.
Abspann

Was ist schon dabei, wenn Maigret im Quartier unterhalb der Prager Burg so ermittelt, als ob er in Paris wäre? Wer bemerkte schon, dass der Bahnhof Jeumont in der gleichen Fernsehserie auf das Niveau einer Nebenbahnstation in böhmischen Landen geschrumpft war?

Der Dreh mit dem Dreh fusst darin, dass der Betrachter den kleinen – und manchmal feinen – visuellen Betrug nicht durchschaut. So gesehen sind die Filmemacher Magier, Zauberkünstler auf hohem Niveau. Die von der DEFA waren es, und das gehört auch zum Nachlass von 40 Jahren Filmproduktion.

Sie hatten nicht nur weniger Geld, sie mussten sich auch damit abfinden, dass Marx und Engels, einmal auf Wertpapier gepresst, ausserhalb des Landes oft nur wenig pekuniäre Zugkraft entwickelten.

Nun erging es den Klassengenossen nicht viel anders. Für die in der DDR gern gesehene sowjetische Fernsehserie *17 Augenblicke des Frühlings* (Zentrales Filmstudio für Kinder- und Jugendfilme Maksim Gorki, 1973) wurde die Schweizer Grenze sogar an den Ortsausgang von Königstein verlegt.

Manchmal entwestete die DEFA-Produktion dann doch für einige Teile eines Films, so geschehen während der Dreharbeiten für *Besuch bei Van Gog*h (1985). Da konnte Horst Seemann wahrscheinlich den futuristischen Anwandlungen der in Glasröhren gefassten Rollsteige des Terminals 1 in Roissy nicht

Dieser britische Lastkraftwagen in Christopher Nolans Film »Dunkirk« von 2017 sicherlich nicht als das auszumachen, was er war - eine gemalte Dekoration. Als Dankeschön an die Stadt Dünkirchen für deren grossen Einsatz während der Dreharbeiten überliess die Filmgesellschaft der Kommune einige der Stücke aus den Szenenbildern. In der Halle der FRAC konnte der Verfasser sie bewundern und ablichten...

widerstehen. Wenn nun schon einmal das Geld und die Genehmigungen für Dreharbeiten in den Niederlanden und Frankreich zugesagt worden waren... Böse Zungen liessen später wissen, dass dieser Film nur gedreht worden sei, um einen reizvollen Gruppenausgang ins verbotene Umland der DDR zu erlangen. Eine tiefe cinematographische Spur zu hinterlassen war diesem Streifen nicht gegönnt. Originalschauplätze mit authentischem Ambiente sind eben nicht immer eine Garantie für den Erfolg.

Manchmal tut es auch die auch die aus dem Mangel geboren Kreativität, die Leute von der DEFA haben es bewiesen.

Anmerkungen

[1] *Es handelte sich um einen UKW-Empfänger Allegro der privaten Firma Rema in Stollberg, die später in eine OHG (Offene Handelsgesellschaft) nach §§ 105-160 HGB umgewandelt und 1972 wurde.*

[2] *EPPERLEIN Renate: Partnerschaften zwischen dem DEFA Studio für Spielfilme und französischen Produzenten in den 1950er Jahren: In: Deutsch-französische Filmbegegnungen 1929 bis in die Gegenwart: Filmmuseum Potsdam : 2007*

[3] *Kleine stilistische Inspiration aus dem einleitenden Kommentar des Erzählers in dem Film »A Christmas Carol« von 1984 mit dem unvergesslichen George C Scott*

[4] *Die Mediathek ARTE hält einen kurzen Dokumentarfilm bereit, der die Hintergründe des Doppelmordes an den Brüdern Rosselli ausleuchtet und zugleich Bezug auf die juristische Aufarbeitung nimmt: [https://www.arte.tv/de/videos/101966-005-A/die-faschistischen-morde-von-bagnoles-de-l-orne/; 2021-07-30 10:05 am GMT]*

[5] *VIAL Eric : La cagoule a encore frappé: l'assassinat des frères Rosselli. L'histoire comme un roman : Larousse (Paris) : 2010*

[6] *[https://www.facebook.com/Goseck.Schloss/posts/man-muss-leider-davon-ausgehen-dass-die-dreharbeiten-des-dff-in-der-gosecker-sch/869863733083461/ - 2019-03-11 10.40am GMT]*

[7] *Außer der « Roten Fahne » wurden die Zeitungen der Bruderparteien im Westen auf der Postzeitungsliste I geführt und im PZV der DDR vertrieben.*

[8] *[https://www.bundesstiftung-aufarbeitung.de/de/recherche/kataloge-datenbanken/biographische-datenbanken/harald-hauser; 2021-07-10 10:46 GMT]*

[9] *Der Familienname Lebrun findet sich übrigens auch in der letzten Lehrbuchreihe der DDR « Bonjour les amis » wieder …*

[10] *Titel des französischen Filmes von René Clément von 1946 über die Aktionen des französischen Widerstandes gegen die Militärtransporte der deutschen Besatzer in den Tagen vor der Befreiung. 1956 in den Kinos der DDR aufgeführt*

[11] *Bei Stöckl finden sich Fotos der MITROPA-Speisewagen aus den sechziger Jahren, die diese Aufschrift noch nicht haben. STÖCKL Fritz: Komfort auf Schienen. Schlafwagen, Speisewagen, Salonwagen der Europäischen Eisenbahn: Verlag für Eisenbahn- und Strassenbahnliteratur Claude Jeanmaire (Bâle): 1970*

[12] *Theurich Deppmeyer Reisezugwagen deutscher Eisenbahnen. Band 6.3 Speisewagen, Schlafwagen und Salonwagen: alba Verlag (Düsseldorf) 1988², p. 48*

[13] *[https://www.berliner-zeitung.de/vor-24-jahren-floh-ein-stellwerksmechaniker-durch-einen-transit-tunnel-aus-der-ddr—-jetzt-spricht-er-erstmals-darueber-per-anhalter-mit-der-u-bahn-in-den-westen-15647842; 2019-02-089, 06:45 pm GMT]*

[14] *Ich – Axel Cäsar Springer. Erklärung eines Wunders – Tatsachen und Deutungen. Regie: Helmut Krätzig, Ingrid Sander, Achim Hübner. Gesendet mit zeitlicher Streckung von 1968 bis 1970*

[15] *Auch in den späten Jahren der DDR hatte sich an der parteilichen und damit offiziell zugelassenen Geschichtsschreibung nichts geändert – siehe dazu auch: SCHUMANN Wolfgang et al: Deutschland im zweiten Weltkrieg. Band 5: Der Zusammenbruch der Defensivstrategie des Hitlerfaschismus an allen Fronten (Januar bis August 1944): Akademie-Verlag (Ost-Berlin): 1984, S. 664 – 666*
[16] *Verordnung zur Änderung der Verordnung über die Devisenbewirtschaftung. Vom 11. September 1934 RGBl. I, S. 829, geändert durch die Verordnung zur Änderung der Verordnung über die Devisenbewirtschaftung vom 29. September 1934 RGBl. I, S. 864*

[17] *Ebenda, Abs. 2, 2, Satz 1*

[18] *Dieses Fahrzeug hatte nach dem Krieg eine Modernisierung erfahren, wie die hellen, mit Sprelacart verkleideten Wände und die Zeitungsablage am Fenster sowie die Gepäckablagen aus Aluminium verraten. Die dritte Klasse mit ihren Holzbänken wurde 1956 europaweit abgeschafft.*

[19] *Text im Bonus-Teil der im Rahmen des « DDR TV-Archives » von Icestorm vertriebenen DVD « Die große Reise der Agatha Schweigert. Nach einem Roman von Anna Seghers.» Icestorm: 2011 (Bestell-Nr. 49086)*

[20] *Michelin France 1972: Pneu Michelin (Paris): 1972*

[21] *[https://de.wikipedia.org/wiki/Flucht_aus_der_H%C3%B6lle_(1960); 2021-07-26 1:13 am GMT]*

[22] *Hirschinger Frank: Der Spionage verdächtig: Asylanten und ausländische Studenten in Sachsen-Anhalt 1945-1970: Band 57 de Berichte und Studien herausgegeben vom Hannah-Arendt-Institut für Totalitarismusforschung e.V.: Vandenhoeck & Ruprecht (Göttingen): S. 71 - 73*

[23] *Wagenliste des Verbleibs der Schlafwagen der MITROPA. MÜHL Albert: 75 Jahre MITROPA. Die Geschichte der Mitteleuropäischen Schlafwagen- und Speisewagen-Aktiengesellschaft: EK-Verlag (Freiburg i. Br.): 1992, p. 277*

[24] *WEISBROD Manfred, MÜLLER Hans, PETZNICK Wolfgang: Dampflok-Archiv 1. Baureihen 01 bis 39: transpress VEB Verlag für Verkehrswesen (Ost-Berlin): S. 13*

[25] *DEMPS Laurenz: Der Schlesische Bahnhof in Berlin. Ein Kapitel preußischer Eisenbahngeschichte: transpress Verlagsgesellschaft (Berlin): 1991, S. 265*

[26] *Ebenda*

[27] *MÜHL, MITROPA ... a. a. O., p. 174 ff.*

[28] *Sommerfahrplan 1941, gültig ab 5. Mai 1941 – D 103/D 104 Berlin Anhalter Bahnhof - Leipzig - Erfurt - Frankfurt/M.- Mainz - Saarbrücken - Paris - Hendaye*

[29] *TREPPER Leopold: Le grand jeu. Mémoires du chef de l'Orchestre rouge: Albin Michel (Paris): 1975, p. 154. Selbstverständlich verlieren darüber weder Blank noch Mader in ihrer sehr tendenziösen Darstellung kein Wort darüber: BLANK Alexander S., MADER Julius: Rote Kapelle gegen Hitler: Verlag der Nation (Ost-Berlin): 1979*

[30] *SCHENK Ralf: Morgen werdet Ihr Deutschland sein. KLK an PTX – Die Rote Kapelle (1971). Der Film und seine Geschichte. Ein Protokoll von Ralf Schenk: In: Leuchtkraft 2020. Journal der DEFA-Stiftung 3: DEFA-Stiftung (Berlin): 2020, S. 100*

[31] *https://de.wikipedia.org/wiki/KLK_an_PTX_%E2%80%93_Die_Rote_Kapelle*

[32] *Regie: Horst E. Brandt. Dauer: 178 Min., 70 mm Farbe, Produktion: 1970, Premiere: 25.03.1971 [https://www.defa-stiftung.de/filme/filme-suchen/klk-an-ptx-die-rote-kapelle; 2021-07-24 10:35 GMT]*

[33] *SCHENK Ralf… a. a. O., S. 112*

[34] *MÜHL MITROPA… a. a. O., S. 131*

[35] *Das Hoheitszeichen an Mütze und Uniformjacke wurde erst mit Verordnung des Reichspräsidenten im Februar 1934 eingeführt.*

[36] *SCHENK Ralf… a. a. O., S. 107*

[37] *Hauptverkehrsdirektion Paris: Anhang zum 14. SF-Verzeichnis enthaltend die SF-Züge (einschließlich der öffentlichen Züge mit Wehrmachtabteil) zwischen Frankreich (Belgien) und der Reichsgrenze. Ausgabe November 1942, gültig vom 2. November 1942 an, S. 7*

[38] *Deutsche Reichsbahn. Kursbuchbüro der Generalbetriebsleitung Ost: 14. Verzeichnis der SF-Züge (einschl. der öffentlichen Züge mit Wehrmachtabteil) Ausgabe: 2. November 1942. Gültig bis auf weiteres: Berlin: 1942, S. 3*

[39] *BLANK, MADER Rote Kapelle ... a. a. O., S. 466*

Verzeichnis der Abbildungen

Fotos des Verfassers und seiner Familie : *S. 22, 28, 32, 37, 42, 49, 57, 59, 66, 74, 98, 100*

Graphiken des Verfassers: Einband (Frontispiz), *S. 4,78, 82, 106*

Familienarchiv des Verfassers: *S. 8, 11, 13, 17, 19, 51 (Ausreisevisum im Fremdenpass des zwangsverpflichteten Schwiegervaters des Verfassers; es ermöglichte ersterem nach seiner Rückkehr nach Frankreich inden Untergrund zu gehen), 63*

Sammlung des Verfassers: *S. 6, 21, 24*

réquisi-
abattre le, du

COMM., FIN. recou-
MIL. réquisition f. ||

(i, a, e) v. intr. accéder,
llschaft *beitreten*, entrer
n *Vertrag beitreten*, adhé-
iner *Partei beitreten*, adhé-

(s, e) adhésion f.; aff
itt zu einem Staatsvertrag
té.
). | *ohne mein Beitun*, sans

(s, -). ZOOL. loche f.
] m. (s, -) voiture (f.) sup-
f. || [Straßenbahn] bala-
-car m.
e) accessoire m. || FIG.
s-d'œuvre m.
e). MATH. coefficient

r. (dat.) être pré-
nem Feste bei-
beiwohnen,

assis-

un fait
s'ébruiter. |
ist, il est connu
er ist bekannt wie
comme le loup blanc.
Bekannte (der) [-tə] am
bekannter|maßen [bə''kan
rement.
Bekannt|gabe [bə''kant'ga:b
déclaration f.; proclamation f.;
notification f.; diffusion f. |
gabe, avis public. | *Bekanntgab*
divulgation (f.) d'un
déclarer; proclame
|| RADIO. *etwa*
bek
||**-mach**
bekanntmac
publication f.;
Bekanntmachung, avis
machung, ainsi qu'il a été an
machung von Gesetzen, promul
bekanntlich [bə'kantliç] adv
comme chacun sait.
Bekanntschaft [bə'kantʃa
sance f. | *mit jm Bekann*
connaissance de qn. |
Bekanntschaft, il gagn
bekappen [bə'kap
une chaussure
Bekassine

Kleines zeit- und ortsübliches Vokabular

ABV	_**A**bschnitts**bev**ollmächtiger der Deutschen Volkspolizein der DDR, nahm lokale Polizeiaufgaben wahr_
BdM	_**B**und **d**eutscher **M**ädchen, Naziorganisation_
Bghwe	_vierachsiger Reisezugwagen der DDR-Reichsbahn, anfangs hervorgegangen aus der Rekonstruktion alter Wagen, später im RAW Halberstadt als Neubau hergestellt_
COCOM	_**C**oordinating **Co**mmittee on **M**ultilateral Export Controls, Koordinationsinstanz für den Exportboykott westlicher Staaten gegenüber dem Ostblock_
DEFA	_**De**utsche **F**ilm **A**G, einziges Filmunternehmen der DDR_
Dipol	_Antennenform für den Empfang der Radiosendungen auf UKW_
FFI	_**F**orces **f**rançaises de l'**i**ntérieur, Französische Streitkräfte im Inneren. Zusammenfassung verschiedener militärischer Formationen des französischen Widerstands_
GPU	_bis 1934 Name Name der sowjetischen ge heimen Staatspolizei; Staatssicherheitsbehörden der UdSSR._

Maquisard	*Angehöriger des französischen Widerstandes*
Milice (française)	*französische Hilfstruppe der SS, Gestapo und Wehrmacht*
ORWO	*DDR-Markenzeichen für fotographisches Filmmaterial aus den ehemaligen Produktionsstätten der Agfa in Wolfen*
PAL	*Farbfernsehnorm in der alten Bundesrepublik und Westeuropa (außer Frankreich)*
PZV	***P**ost**z**eitungs**v**ertrieb der Deutschen Post in der DDR. Einzige Institution, die Presseerzeugnisse aus dem In- und Ausland auslieferte* und direkt an den Leser verkaufte
RAW	***R**eichsbahn**a**usbesserungs**w**erk, Bezeichnung der Bahnwerkstätten bis zur Vereinigung von Deutscher Reichsbahn und Deutscher Bundesbahn*
Rekowagen	*Sammelbezeichnung für rekonstruierte und dadurch vereinheitlichte Reisezugwagen ver schiedener Bauarten.*
Résistance-Fer	*Bezeichnung des französischen Widerstandes bei der Eisenbahn*
SECAM IIIb	*Französische Farbfernsehnorm in der DDR und im Ostblock*
SFB	***S**ender **F**reies **B**erlin, heute aufgegangen in den RBB*
S.N.C.F.	***S**ociété Nationale des **C**hemins de **F**er, französische Staatsbahngesellschaft*

Der Verfasser möchte sich ausdrücklich für die kritische Lektüre der ersten Auflage durch seinen langjährigen Freund Wolfgang im fernen und doch so nahen Erzgebirge bedanken.

Da dem Verfasser nun auch (wieder) eine der gedruckten Nachauflagen des Buches von Schauer und Bonhoff «Schatten über Notre Dame» (Militärverlag der DDR, Berlin-Ost, 1988, 6. Auflage) vorliegt, sah er sich nach sorgfältiger Lektüre veranlasst, den Mitgliedern der *Cagoule* auch im Titel den ihnen (leider) gebührenden Plural zurückzugeben...

Satz und Typographie: Didier Scheibe-Bauzière

Printed in Great Britain
by Amazon